介護スタッフをやめさせない本

"気づき"と"やる気"を引き出す研修マニュアル

（株）ケア・ビューティフル
山本 陽子
髙橋 美紀
［著］

電気書院

はじめに

はじめまして。
この本を手に取っていただき、誠にありがとうございます。
この本のどこに目がいきましたか？
「やめさせない」「気づき」「やる気」「引き出す研修マニュアル」
この本はすべてを盛り込んだ内容になっています。

「どうして本の出版に至ったか？」

　私は介護職に就く前は中学校の教師をしていました。子どもたちの多くの可能性に感動した日々でした。その後、福祉の現場で働くことを選び、介護職としてたくさんの利用者と接してきました。現在は、介護講座の講師として、現職の方や介護職を目指す方々と出会います。そして、経営者や管理職の方々とお話をする中で必ず聞くことは、"良い人材が欲しい"ということです。私はその言葉を聞くたびに、「本当にいないのですか？」という思いで「今、働いているスタッフは？」と聞き返してしまいます。現在、介護職は資格を有した者が従事するように法で定められています。

　資格取得を優先に勉強してきた人もいますし、志を高くもってきた人でも、現場とのギャップに大きく戸惑う人もあります。介護は人間が相手ですから、教科書どおりにならないことやできないことがあって当然です。入社してから、生きた学習がはじまります。はじめから、「良い人材」として入社してくる人ばかりではないのです。

　これまで、管理職の方々と実際にそこで働く現場スタッフと両方の立場に話を聞かせてもらい、感じることは、そこに「教育」がないことです。

　もちろん、みなさんは高齢者の尊厳と安全を守り、日々、立派に職務に就かれています。しかし、スタッフの思いや期待を持続させ、組織が求める人材として成長してもらうには、組織での教育体制が必要だと感じています。

　「教育」は、「良い人材」にも「ただの人材」にもするのです。
　そこを経営者や管理職がどこまで理解しているかが重要だと考えています。

「**やめさせない**」

　本のタイトルで一番、興味をひいたのはここではないでしょうか？

　現在、介護職の離職率は1年間で、20％以上だといわれています。

　あなたの職場とこの数字をどのように受け止めますか？

　他職種に例をみない高い割合である理由に、重労働の割に賃金が低いというものがあげられます。これまでの介護は家族が担うものという、意識や文化が未だ根強く残っているため、大変奥深く、質の高い労働でありながら、まだまだ社会的評価が低いことが原因の1つになっています。また、現在の報酬基準では、なんとかしたくても経営陣が頭を悩ますところかもしれません。

　では、どうすればいいのでしょうか？

　賃金に勝る価値を見出せる職場にするのです。

　簡単なことではありません。働く人それぞれの考える"価値"は違います。

　まずは、「顧客満足」の顧客は、「スタッフ」という視点が大切で、スタッフの満足度を上げるための努力が組織として必要です。

　「教育」のある職場に「顧客満足」が生まれるのです。

はじめに

「気づき」と「やる気」を「引き出す」「研修マニュアル」

　自ら「やる気」を起こせる人は「気づける」人です。そんな人材ばかりではありませんので、組織が求める人材になってもらうには、「気づき」の環境を作らなくてはいけません。

　ピグマリオン効果という言葉を聞いたことがありますか？

　教育心理学における心理的行動の１つで、教師の期待で学習者の成績が向上することをいいます。また、教師が期待しないことで学習者の成績が下がることをゴーレム効果といい、教師の期待が学習者に影響する心理を体系化しています。

　職場でも、管理職や経営者が期待することで「やる気」を「引き出す」ことができます。「やる気」から「気づき」へ。「気づき」から「やる気」へ。この繰り返しが「良い人材」を育てるのです。持続させるには、「教育」が必要です。

　知ることは、可能性を広げます。「好きこそものの上手なれ」という言葉がありますが、「好き」は「知る」という意味もあるそうです。術をもつと、面白みが生まれ、職場での価値が見出せるのです。職場での価値は、感動や気持ちのゆとりにつながります。そうすると、チームワークが生まれます。

　そして、よりよいサービスが提供でき、組織も活性化していきます。

　この本は、「マニュアル」です。しかし、こうすれば上手くいくという本ではありません。この本を活用し、あなたの職場の「研修マニュアル」を作り上げることを期待しています。

山本　陽子

介護スタッフをやめさせない本

目次 CONTENTS

  はじめに …………………………………………………… I
  研修の進め方 －計画の立て方－ ……………………… VII

1 花が咲く"チーム形成と自己確認" …………… 1
 お互いの労をねぎらい、職場作り 1
  レジュメ 受講生用 3
  レジュメ 講師用 4

2 いいよね ザ"モラル" …………………………… 7
 いいも悪いも、許したことは、自分に返る 7
  レジュメ 受講生用 10
  レジュメ 講師用 12
  資料 高齢者虐待防止法 14

3 自分でできる"ストレスマネジメント" ……… 17
 ポジティブ集団になろう!! 17
  レジュメ 受講生用 19
  レジュメ 講師用 22

4 本当のリスクマネジメントは"顧客満足" …… 25
 「あの人素敵!」と思わせよう 25
  レジュメ 受講生用 28
  レジュメ 講師用 30

5 リスクに気づいて"介護事故防止" …………… 33
 事故はなぜ起こった? どう防げたのか? 33
  レジュメ① 受講生用 38
  レジュメ① 講師用 40

レジュメ②　受講生用　*42*

　　　レジュメ②　講師用　*43*

6　チームワークを高める"グッドネス報告書"‥‥*45*
　　よかったことの情報共有をしよう！　*45*

　　　資料　グッドネス報告書　*48*

7　自然に動けば最適"移動介助"‥‥‥‥‥‥‥‥‥*49*
　　声かけは気持ちを動かすホイッスル　*49*

　　　レジュメ　受講生用　*53*

　　　レジュメ　講師用　*54*

8　着患脱健はもちろん"着脱介助"‥‥‥‥‥‥‥‥*57*
　　1番身近な自己表現リハビリ!!　*57*

　　　レジュメ　受講生用　*59*

　　　レジュメ　講師用　*60*

9　3拍子そろった"食事介助"‥‥‥‥‥‥‥‥‥‥*61*
　　心と体のスタミナをつけよう　*61*

　　　レジュメ　受講生用　*64*

　　　レジュメ　講師用　*66*

10　個々に合わせた"排泄介助"‥‥‥‥‥‥‥‥‥*69*
　　スタッフがいるから心配ないの　*69*

　　　レジュメ　受講生用　*73*

　　　レジュメ　講師用　*76*

11　青春時代にタイムスリップ"認知症"‥‥‥‥‥‥*81*
　　「あなたを知りたい」は傾聴の一歩　*81*

　　　レジュメ　受講生用　*84*

　　　レジュメ　講師用　*86*

12　あの人に会いたくなる"身体の清潔"‥‥‥‥‥*89*
　　五感の刺激ではじめよう　*89*

　　　レジュメ　受講生用　*92*

　　　　レジュメ　講師用　93

13 誰もが実感 "離床効果" ……………………… 95
　　　　座ってみれば視界が変わる!　95
　　　　レジュメ　受講生用　98
　　　　レジュメ　講師用　100

14 観察にはじまる "健康管理" ……………………… 105
　　　　どんな変化も見逃しません!　105
　　　　資料　高齢者に多い症状　107
　　　　レジュメ　受講生用　108
　　　　レジュメ　講師用　110

この本によせて ……………………………………… 113
おわりに ……………………………………………… 115

髙橋　美紀

山本　陽子

研修の進め方～計画の立て方～

　この本は、在宅、施設の職場に関係なく使えるようにしています。
　研修カリキュラムは、この本の順番にとらわれず、職場に応じた内容で計画してください。
　優先順位をつけるときは、「緊急性の高いもの」からと考えればよいでしょう。

　まず、研修担当者として、自分の職場を知ることが効果を早めます。
　同じ職場であっても、1人ひとりのかかわる高齢者のADLやニーズ、生活環境も違います。研修に必要な物品は、職場ごとに福祉用具の設置状況や使用頻度が違いますので、最小準備（どこにでもあるもの）で行える内容にします。

　また、声かけの重要性を再認識するために、実在していない具体名をあげています。
　その意図を十分理解し、本人の名前を呼ぶところから、日々の業務を振り返り、「気づき」につながるように進めてください。

　時間配分は、レジュメにより、60分～120分となるように組み立てています。レジュメを参考にして、あなたの職場に合う時間調整を行ってください。
　研修の時間がとれなくても、「コラム」や「ビューティフルストーリー」を朝礼やミーティングの話題として活用することも1つです。
　大きく考えて動けなくなる前に、職場の状況を踏まえた「気づき方」（進め方）ではじめると、考え方は定着していきます。

　「人が集まる」ということを有意義に使いながら、年間計画を実行していきましょう!!

「継続は力なり」

●テキスト中の名前は実在の人物ではありません。

1 花が咲く"チーム形成と自己確認"

● お互いの労をねぎらい、職場作り ●

・長年の社会人経験を積んでいる他職種からの転職者。
・主婦というキャリアを活かしたパート勤務者。
・学校を卒業してはじめて社会にでる社会人1年生。
　介護職は専門職です。
　しかし、キャリアと年齢が比例する職種でもなく、それまでの人生背景の違う人々が集まることが多い職場といえるのではないでしょうか？
　また、異なるキャリアの方が、同時期に2人以上就職してくることもありますから、職場（チーム）を形成していくときには様々な配慮も必要です。

　4月。新卒業生を一度に多数受け入れる職場もあります。
　まずは、「挨拶を教えるところからはじめないといけない…」
　はじめて新卒研修に臨む越後さんはとても張り切っていましたが、その現状にがっかりしました。すぐに現場で活躍できるよう、介護技術を中心にカリキュラムを立てていましたが、社会人としてのマナーやルールから教えていかなくては、利用者やご家族の前に出せないというのが初日の感想でした。

　私自身もこれまで、高校生の新卒研修に携わってきました。研修期間中に職場の求める人材に育成することは、講師の役割です。しかし、数日にわたる研修の慣れと若い集団というパワーで、研修の目的も危機感も薄らいでいくのです。考えてみると、受講生が違っても、毎年似たような流れになりがちです。しかし、1人ひとりと接していると、介護職にふさわしい、いいところをもっている人達です。
　私は、本を読んだり、ネットを検索したり、自分を彼や彼女の立場に置き換えてみました。「若者には若者の生活や文化がある。」　こんな言葉を見つけました。
　いつの時代もそういわれてきたのかもしれません。たとえば、先に述べた「挨拶」と同様、一般電話の応対ができない新卒者もいました。
　現在の若い人達の生活を考えてみると、携帯電話を1人1台もち、大事な用件ですら、メールで伝え合うことが日常化しています。そのため、はじめてのお宅に

電話をしたり、話したい相手と接するまでにご家族がいるなど、一般電話での応対は特別なことかもしれないのです。名前を名乗ることすら知らない新卒者もいるかもしれません。

若者の日常をそう理解してからは、教育方法や接し方が私自身変わりました。
「育ちだから仕方がないわ。」そういう人もいます。
しかし、躾（しつけ）や礼儀、言葉づかいなど家庭教育で培われることが、不十分だったとしても、職場の一員になった以上、そこから、正していかないといつまでも、チームは形成されないのです。
チームワークができないとどうなるでしょう？
できるところ、できる人に負担が重くなるばかりです。
チームワークというのは、職場のバランスも担っています。

・報告
・連絡
・相談

よく聞く言葉、「ホウレンソウ」です。
「知っています。聞き飽きたよ。」というあなたに質問します。
「あなたの職場では、この3つが確立されていますか？」
この3つがきちんとできていないと、1人で抱えこむことになります。
1人で抱えこむということは、1人で大きなリスクを抱えていることと同じです。私たちのうっかりミスが人の命にかかわることや、私たちの怠慢が人の生活にかかわることを、しっかりと胸に沁みこませ、日々の業務にあたっていますか？
「いつもより、少し、ヒューヒューいっていたな。」
変化に気づくことができても、報告・連絡・相談が行われなかったばかりに、最悪の結果を招くこともあるのです。私たちの職場は、「あ、FAX用紙、発注し忘れた！明日でいいか。」とは違うのです。
チームワークとしての報告・連絡・相談と、リスクマネジメントでの報告・連絡・相談と2つの側面から考えていますか？
「チーム形成と自己確認」は「モラル」とリンクする職場作りの根っこです。
根っこが腐っていては、花は咲きません。実も宿りません。
お互いに認められる仕事を行うことが、チーム信頼の証なのかもしれません。
チームワークで信頼の花を咲かせましょう。

受講日	名前	講師名

チーム形成と自己確認

1. 次の質問に答えてください。

   ① あなたの職場の人数は何人ですか？

   ……………… 人

   ② あなたが職場において求められていることは何ですか？具体的に書いてください。

   ③ あなたが 職場 に改善を求めていることは何ですか？具体的に書いてください。

   ④ あなたが 同僚 に改善を求めていることは何ですか？具体的に書いてください。

2. ＜インスピレーションゲーム＞

   次の図の①～⑥中に、◎、○、△、×を思いつくまま、右側の星の空欄に記入してください。

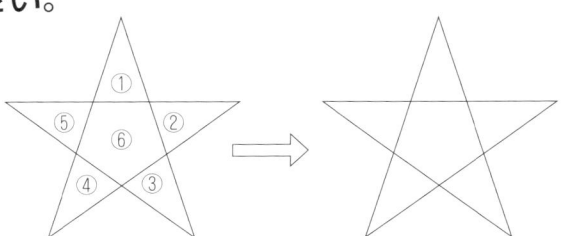

講師用

チーム形成と自己確認

1．次の質問に答えてください。

講師①静粛にしてから、レジュメを配布します。
　　②15分間で回答します。質問には一切答えないことを伝えます。

　①　あなたの職場の人数は何人ですか？

.... 人

　勤務形態、フロア、担当部署など、どこまでが自分の職場だと認識しているかを気づかせましょう。同じ担当でも、回答人数が違えば、チームとしての意識レベルに反映しているということになります。

　②　あなたが職場において求められていることは何ですか？具体的に書いてください。
上司（先輩）部下（後輩）会社（組織）の3側面から記入できていると理想的。

　③　あなたが 職場 に改善を求めていることは何ですか？具体的に書いてください。
給料や休暇など条件、福利厚生面でのことや愚痴や不満レベルでの回答になっている人は、冷静に再考するように導きましょう。

　④　あなたが 同僚 に改善を求めていることは何ですか？具体的に書いてください。
感情的批判や個人的批判、愚痴や不満レベルでの回答になっている人は、冷静に再考するように導きましょう。

☆「あなたは何がしたくて、何を期待してこの職場へきたのですか？」
　と、初心を振り返ることができるよう導いてください。

1 花が咲く"チーム形成と自己確認"

講師用

2．＜インスピレーションゲーム＞

次の図の①〜⑥中に、◎、○、△、×を思いつくまま、右側の星の空欄に記入してください。

方法：インスピレーションで記入（1分まで）

「⑥はあなた自身です。①は上司、もしくは先輩です。

②と⑤は同等職、もしくは同期です。③と④は部下、もしくは後輩です。」

「あなたの潜在意識かどうかはわかりません…お遊びですよ。」

※明るい雰囲気で研修を終われるように、お遊び的、心理ゲームを入れています。

＜例＞

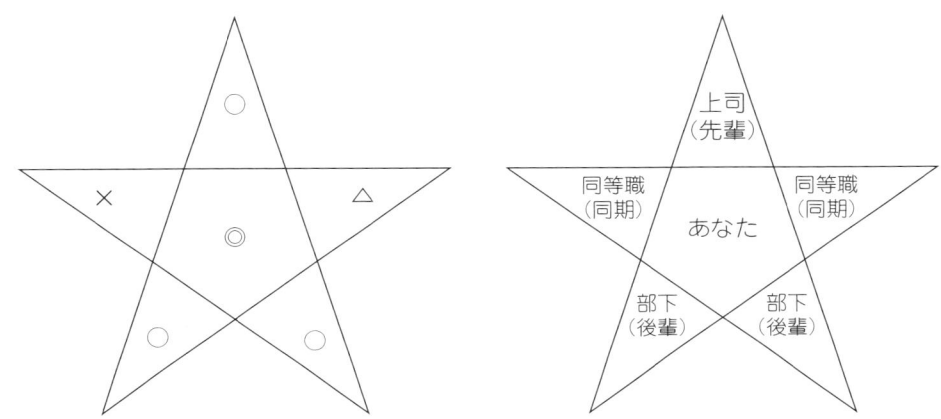

♥ コラム ♥

晴れ渡る秋の第 1 日曜日。
少年ソフトボールの大会がありました。
外野は外野の、内野は内野の、ピッチャーはピッチャーの、キャッチャーはキャッチャーの、1 番打者は 1 番打者の、4 番打者は 4 番打者の、9 番打者は 9 番打者の、補欠の 4 年生は応援コールのリーダーの、補欠の 3 年生はランナーコーチの、それぞれの役割を守ろうと全力で向かいます。
ホームランもありました。ファインプレーもありました。
ベースカバーのおかげで、後ろにボールが逃げずにすみました。
ファールボール球を追っかけたおかげで 1 つ多くアウトにしました。
もちろん、ポカも三振もありました。
でも、誰かがピンチになると大きな声で励まし合いました。
みんなが役割をきっちり果たそうと「気持ち」がみえた試合は、勝利へつながりました。
実力も必要です。
実力がないと勝利へは長い長い道のりを辿ることになるでしょう。
そして、人は環境の生き物です。
期待されている、信頼されている環境は時に実力に勝る結果を導きます。
実力とチームワーク、ともに揃った職場、最強ですね。

2 いいよね ザ"モウハ"

● いいも悪いも、許したことは、自分に返る ●

　　朝、洗面台で歯を磨く前田さん。
あ、歯磨き粉をシャツにつけました。
　　今朝も食欲旺盛です。
あ、牛乳をシャツにこぼしました。
　　昼食は前田さんの大好物のカレーです。
あ、カレーをシャツにこぼしました。
　　レクリエーションのあと、おやつを友達と楽しんでいます。
あ、紅茶をシャツにこぼしました。
　　夕食は、久々の生ものを心待ちにしています。
あ、刺身醤油をシャツにこぼしました。

そのとき、スタッフの心の声は…？

　　今日の夜勤スタッフが、「どうしたの？あらあら…明日、お風呂だし、もう、いいよね？」
　　そんな職場だとしたら、前田さんの1日は「いいよね？」で過ぎていきます。
　　訪問介護も同じです。
　　部屋の掃除、洗髪、食事…「いいよねサービス」が続いても、1日は過ぎていきます。
　　1日の積み重ねが、どのような結果になるか想像できていますか？
　　チームが、「いいよね」を許している限り、「いいよね」は大きくなっていくことを自覚できていますか？

　　環境は与えられるものでなく、あなたが与えているのです。
　　環境はあなたが作っているのです。

・身体的虐待
・心理的虐待
・ネグレクト
・性的虐待
・経済的虐待

　高齢者への虐待が社会問題になっています。
　介護職の職業倫理が問われる深刻な問題です。

　前田さんの衣類の汚れと虐待のボーダーラインはどこなのでしょう？
　極端な質問ですが、誰もが明確には引けない、もしくは、引けても、根拠をもって、断言できないかもしれません。
　しいていえば、前田さんが決めることになるのでしょうか？
　では、前田さんがいわない限りは、続いても仕方のないことでしょうか？
　飲酒運転で取り返しのつかない大事故を起こす人は、日ごろから、小さい「これくらいいいよね」を繰り返しているのです。
　そう、「いいよね」は日常おこりうることなのです。
　前田さんの1日だって、虐待の可能性をもっているということになります。
　あなたのモラルが問われています。職場のモラルが問われています。

　モラルは日本語で「道徳」とか「倫理」と訳されます。
　私の手元にある辞書には「人々が、善悪をわきまえて正しい行為をなすために、守り従わねばならない規範の総体」とあります。
　1人で「道徳」をもてないならば、「道徳意識」をもてる環境にしなくてはいけません。
　「自分だけは大丈夫」、「他の人がやってくれる」という気持ちは、チームの輪を乱す原因になります。
　また、職場での他律も必要となるでしょう。
　「ストレスなしでこの仕事はできない。」といった人がいます。
　「人間関係が厳しい世界だと実感しています。」といった人がいます。
　その言葉に共感し受容して、「虐待は仕方ないかもね？」といった人がいます。
　あなたはどう思いますか？
　「道徳」を共有できる職場は、高齢者や家族、そして、自分自身を守っているということです。

職場で虐待が起こったとき、虐待をした人を「信じられない」と他人事になる前に、それを許してきた同じ職場のあなたも、自分の行動や言葉をかえりみる必要があります。

受講日	名前	講師名

モ ラ ル

1．次の質問に正直に答えてください。

	はい	いいえ
あなたは職場内、利用者宅で、落ちているゴミに知らない顔をしたことはありますか？		
あなたは汚れたユニフォームを「もう1日いいか」と着用したことはありますか？		
あなたは職場のトイレのトイレットペーパーが最後でもそのままにしたことはありますか？		
あなたは遅刻したことがありますか？		
あなたは「お疲れさまです」を業務に追われ、言い忘れていたことはありませんか？		

続けます。が、ここからは記入しづらい人は心の中で答えてください。

	はい	いいえ
あなたは職場内で同僚の悪口をいったことはありますか？		
あなたは職場内で同僚の悪口をいっている輪の中にいたことはありますか？		
あなたは利用者に気分で暴言（感情的な言葉、早くして、うるさい）をいったことはありますか？		
あなたは利用者に気分でおしりをたたく、腕を引っ張るなど手を出したことはありますか？		
あなたは金銭、物品、食べ物など、値段にかかわらず贈答を受けたことがありますか？		
あなたは尿臭のある利用者を見て見ぬふりをしたことがありますか？		
あなたは手が離せない状況のとき、利用者に聞こえないふりをしたことがありますか？		
あなたは利用者の持ち物を壊したり、紛失したりしたとき、黙っていたことはありますか？		
あなたは認知症の利用者への対応を後回しにしたことがありますか？		
あなたは今、自分に正直に答えていますか？		

2. 虐待にはどんなものがあると思いますか？

例：暴力をふるう

虐待の種類
1.
2.
3.
4.
5.

あなたは虐待をしたことがありますか？

講師用

モラル

講師①静粛にしてから、レジュメを配布します。
　　②5分間で回答します。質問には一切答えないことを伝えます。

1．次の質問に正直に答えてください。

	はい	いいえ
あなたは職場内、利用者宅で、落ちているゴミに知らない顔をしたことはありますか？		
あなたは汚れたユニフォームを「もう1日いいか」と着用したことはありますか？		
あなたは職場のトイレのトイレットペーパーが最後でもそのままにしたことはありますか？		
あたなは遅刻したことがありますか？		
あなたは「お疲れさまです」を業務に追われ、言い忘れていたことはありませんか？		

続けます。が、ここからは記入しづらい人は心の中で答えてください。

	はい	いいえ
あなたは職場内で同僚の悪口をいったことはありますか？		
あなたは職場内で同僚の悪口をいっている輪の中にいたことはありますか？		
あなたは利用者に気分で暴言（感情的な言葉、早くして、うるさい）をいったことはありますか？		
あなたは利用者に気分でおしりをたたく、腕を引っ張るなど手を出したことはありますか？		
あなたは金銭、物品、食べ物など、値段にかかわらず贈答を受けたことがありますか？		
あなたは尿臭のある利用者を見て見ぬふりをしたことがありますか？		
あなたは手が離せない状況のとき、利用者に聞こえないふりをしたことがありますか？		
あなたは利用者の持ち物を壊したり、紛失したりしたとき、黙っていたことはありますか？		
あなたは認知症の利用者への対応を後回しにしたことがありますか？		
あなたは今、自分に正直に答えていますか？		

2　いいよね　ザ "モラル"

講師用

2．虐待にはどんなものがあると思いますか？

例：暴力をふるう

個人ワークをするように指示します。　（8分～10分）

そのあと、グループで（2人～5人まで）各自の意見を交換します。（10分～15分）

例：無視をする。腕を引っ張る。できないことを指摘する。

　　　ここにあるのは一例です。様々な意見に共感してください。

他グループの意見を聞き、不足部分は書き加えるように指示します。

虐待の種類

1.　身体的虐待
2.　心理的虐待
3.　ネグレクト
4.　性的虐待
5.　経済的虐待

＜グループ形式のまま＞
①ホワイトボードに解答を書く。
②自分たちの意見にあてはめるよう指示します。
　　　（10分～15分）

☆　すべての行動が、きちんと分けられるわけではなく、リンクしていることもあります。

☆　日常の何気ない行動が虐待につながることもあるので、自分を客観視する必要があります。

①　グループ形式から席を戻します。
②　静粛にしてから下記をゆっくり大きな声で読み上げます。

あなたは虐待をしたことがありますか？

まとめ

P7を読みあげる。

あなたの言動をもう一度、振り返り、お互いを律し合える、モラルある職場作りをしていきましょう。

■　高齢者虐待防止法　■　　　　　　　　　資料

1．定義

高齢者の定義・・・・この法律において「高齢者」とは65歳以上。
高齢者虐待の定義・・「高齢者虐待」とは家庭での養護者または施設などの職員による次に掲げる類型の虐待をいいます。

身体的虐待	高齢者の身体に外傷が生じる、または、生じるおそれのある暴行を加えること
心理的虐待	高齢者に対する暴言または拒絶的な対応など心理的外傷を与えるような言動を行うこと
ネグレクト	高齢者を衰弱させるような著しい減食または長時間の放置など養護を著しく怠ること
性的虐待	高齢者に対するわいせつな行為をすること。また、わいせつな行為をさせること
経済的虐待	高齢者の財産の不当な処分、高齢者から不当に利益を得ること

介護職としての倫理感は当然の職務です。
しかし、人は誰でも感情というものがあります。
心からのケアに徹していても、受け入れられないことや、相性の合わない場合もあります。
「どうして冷静さが持てず、強い口調になってしまったのだろう」
と自責の念で、落ち込む人もいます。
利用者との関わりの中で、客観視が保てず、バーンアウトしてしまう人もいます。
そんな時こそ、チームケアとしての力を発揮してください。
「私が代わりますよ。」「少し、ここを離れてください。」
仲間の心の疲れに気づいていますか？
「代わってもらえませんか？」「一緒に手伝ってもらえませんか？」
ひとことを言える勇気を持ってください。

疲れたら、ひと休み。
心身の健康な人が、よりよい介護を提供できるのですから。

ビューティフル ストーリー

スタッフ満足

バースデー休暇制度を取りいれた職場があります。

誕生月は1日多く休みがもらえるのです。プレゼントはあげられないけど、誕生日をゆっくり過ごしてくださいね。そんな思いを込めた休日のプレゼント。

勤務表にバースデーの印があるので、チームメンバーは誰が誕生日なのかがわかります。

「○○さん！明日誕生日ですね。おめでとうございます！」

「そうなんですね。おめでとうございます！ところで、何回目の誕生日ですか？」

「ありがとう！家族だって去年は忘れていたのに、皆から"おめでとう"なんて嬉しいわー。年は言えないけどね…」

スタッフには大変喜ばれている制度となりました。休日がもらえることが嬉しいのはもちろん"おめでとう"と言い合えることで、チームワークをより結束させる効果も生みました。

3 自分でできる"ストレスマネジメント"

● ポジティブ集団になろう!!

　ストレスは本来、機械工学用語で"物体に力が加わったことで生じる歪み"を意味します。

　山田さん　「あー嫌だわ。緊張するし、ストレスを感じます。」
　林　さん　「どうしたの？」
　山田さん　「初回の利用者、上手に対応できるか心配です。」
　林　さん　「えっ？私はチャンスだと思うよ。上手にケアできたら次回も利用してくださるでしょ。」

　あなたはどちらのタイプですか？
　山田さんは"やる気"のないスタッフではありません。
　裏を返せば"上手にケアしたい"という思いや責任感からストレスを感じているのです。仕事、人間関係、生き方などを「よりよくしたい。」というストレスが働くことで、人はよい方向へ努力できるものです。
　仕事に対する緊張感から、ケア前の情報収集を十分に行い、準備に余念がなかった場合を想定してみましょう。結果として、コミュニケーションが上手にはかれたとか、喜んでいただけたなどよい反応があれば、自信につながることになります。
　「緊張はするけど、準備をしっかりすれば心配ないみたい…」そう自分で感じることができれば、最初のネガティブ感情もプラスの結果になります。
　そんな経験の積み重ねから、自分の感情を上手にコントロールし、状況に対応することができるようになるのです。
　一方、「初回利用時に断られたらどうしよう。」という考えがあまりに強いと、行動までネガティブになってしまい、心配していた結果になってしまうこともあります。

　自分のストレスについて知り、心身のバランスを健康に保ってこそよいケアを行うことができます。人生にストレスはつきものです。ストレスやストレス反応に上手につきあう方法を学びましょう。

♣ ストレス３つのパート

①ストレス状況
　ストレスを感じ、何らかの対処が必要な状況のこと。

②ストレス反応
　ストレスに対して、心身が様々な反応を起こします。
　性格、考え方、行動パターン、体質、生活習慣などに応じて反応は人それぞれです。自分のパターンを把握しておくことが大切です。（ストレス反応 p19　図１参照）

③人間関係（プラス、マイナス、両方）
　人間関係のトラブルは、ストレスの要因にもなれば、逆に誰かに助けてもらうことで、状況が改善することもあります。

マイナス→ プラス　→	高齢者のAさんが苦手で関係づくりができない 先輩にAさんの対応方法のアドバイスをもらう
結　果	自分の苦手意識を克服でき、マイナスであった人間関係が自分の成長の助けになり、プラスになった

　あたなに何かあったときに相談できる人間関係を思い浮かべてみてください。
　相談し、アドバイスをもらったことで「なるほど、そんな方法で対応したらいいんだ…」と自分の気持ちを切りかえるきっかけをもらいます。そして、行動してみた結果、同じ相手と以前とは違う関係を築けたり、自分自身の変化に気づけば、問題を解決できた自信にもつながります。

　ストレス３つのパート（①②③）を把握することにより、自分のストレスの全体像がわかり気持ちがラクになる場合もあります。

受講日	名前	講師名

ストレスマネジメント

♣ ストレス 3 つのパート

①ストレス状況

思うように仕事がはかどらず、上司に注意されました。
（図 1）にあなたのストレス反応を記入してみましょう。

②ストレス反応

（図 1）

（身体）	（心）
あなたは？ 　（思いあたるストレス反応を○で囲んで下さい） 例 ・不眠、睡眠過多、下痢、便秘 ・食欲不振、食べ過ぎ、肩こり、腰痛 ・頭痛、頭重感、息苦しい、過呼吸 他の反応は？	あなたは？ 　（思いあたるストレス反応を○で囲んで下さい） 例 ・イライラ、怒りっぽい、誰にも会いたくない ・落ち込み、集中できない ・無気力、なげやり、自分や他人を責める 他の反応は？

③人間関係（プラス、マイナス、両方）

マイナス→　利用者と上手くコミュニケーションがはかれないことを上司に注意されて、二重にストレスを感じます。
　　　　　　例　「イライラして誰かに八つ当たりする。」

プラス　→　信頼する先輩に相談し、アドバイスをもらうなど、別の人間関係に助けられることもあります。
　　　　　　また、ある時期はストレスに感じていた人間関係も、後にその人のおかげで自分が成長できたと思えることもあります。

★ポジティブに行動する!!

ストレスを感じた自分に"適切に対処"することが大切です。

「私は何をやっても駄目だ。」という感情をもって、先に進めなくなるのではなく、どうしたらよいか？という考えに切り替える必要があります。

状況　→　仕事でミスをした

考え　→　『しまった！どうして私はこんなに駄目なのか。』

感情　→　落ち込み、やる気を失う

行動　→　仕事が手につかない　→ここで考えや行動が止まってしまうと、ネガティブな状況から抜け出せません

ではどうしたらいいのでしょう？　　ここがポイント!!

別の考えはないか？　『確かにミスはしたけれど、次に同じミスをしないためにはどうしたらいいだろう？』

↪ バランスのとれた考えを身につける

感情　→　気が楽になった

行動　→　対応策を考え、上司に相談してみよう
　　　　　　↓
　　　　まずは自分で考えてみることが大切

このように何かストレスに感じる事が起きたとき、必要以上に落ち込まないようにします。そして、自分を苦しくさせている"考え"に気づき、バランスのとれた考え方を身につけることが大切です。

"病は気から"というように心の持ちようで、物事はよい方向に向かうものです。

ちょっとした"考え"の切りかえをして、ポジティブになりましょう。

★対処レパートリーを増やそう

　信頼する誰かに相談することや、気分転換をはかるなど対処方法が多くあるほど、自分のストレスマネジメント力を強めることができます。
　このレパートリーが幅広ければ、多様なストレスに、柔軟な対応ができるのです。

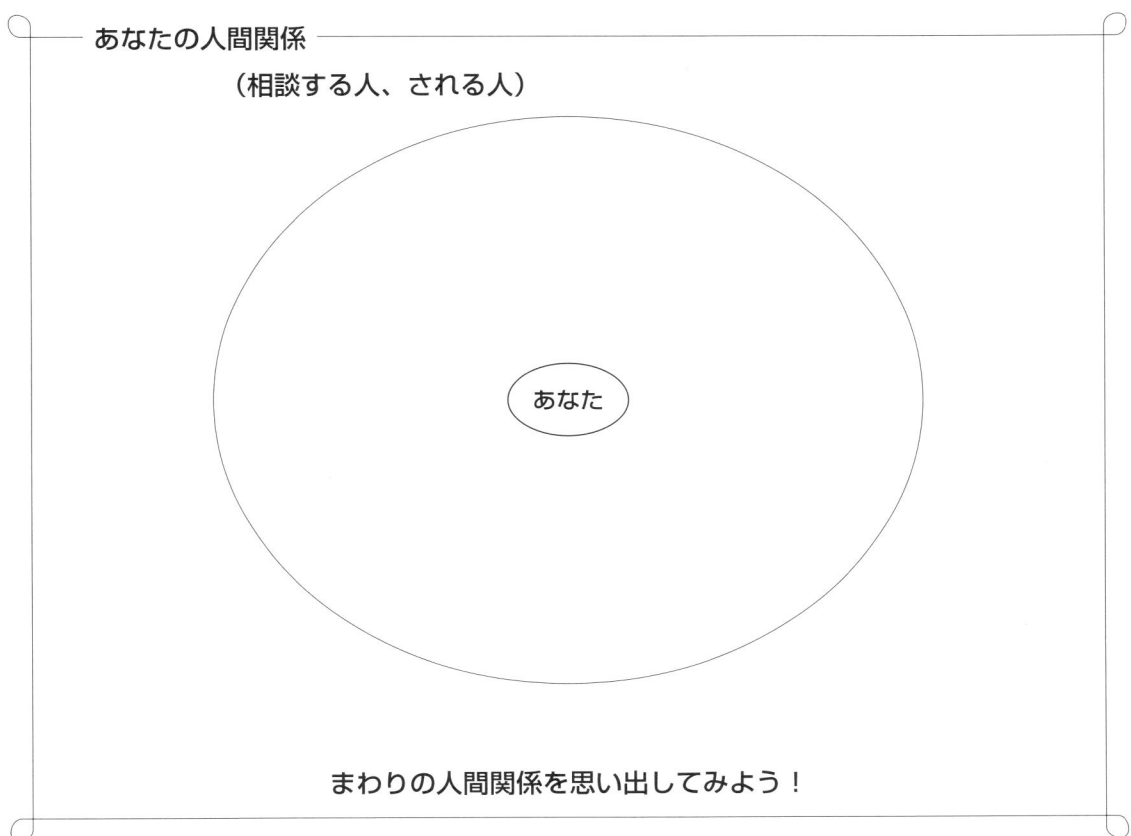

あなたの人間関係
（相談する人、される人）

あなた

まわりの人間関係を思い出してみよう！

あなたのストレス解消法

例　コミュニケーション（会話、相談）
　　体を動かす、休養、趣味、など…
☆具体的に記入しましょう。
　　　　あなたは？　　──→

あなたのストレス解消法は？

講師用

ストレスマネジメント

♣ ストレス 3 つのパート

①ストレス状況
思うように仕事がはかどらず、上司に注意されました。
（図 1）にあなたのストレス反応を記入してみましょう。

②ストレス反応

（図 1）

（身体）	（心）
あなたは？（思いあたるストレス反応を○で囲んで下さい） 例 ・不眠、睡眠過多、下痢、便秘 ・食欲不振、食べ過ぎ、肩こり、腰痛 ・頭痛、頭重感、息苦しい、過呼吸 他の反応は？ 自分がストレスを感じるとどんな状態になりやすいのか身体状況を記入する。	あなたは？（思いあたるストレス反応を○で囲んで下さい） 例 ・イライラ、怒りっぽい、誰にも会いたくない ・落ち込み、集中できない ・無気力、なげやり、自分や他人を責める 他の反応は？ 自分がストレスを感じるとどんな状態になりやすいのか心の状態を記入する。

③人間関係（プラス、マイナス、両方）

マイナス→　利用者と上手くコミュニケーションがはかれないことを上司に注意されて、二重にストレスを感じます。
　　　　　　☆「こんなこと、ありますね。」と共感。

プラス　→　信頼する先輩に相談し、アドバイスをもらうなど、別の人間関係に助けられることもあります。
　　　　　　また、ある時期はストレスに感じていた人間関係も、後にその人のおかげで自分が成長できたと思えることもあります。
　　　　　　☆「こんな経験ありませんか？」
　　　　　　たとえば　学生時代、部活のコーチに厳しく指導されたが、結果として試合に勝利できたなど…
　　　　　　個々の経験を振り返ってもらう。

3 自分でできる"ストレスマネジメント"

講師用

★ポジティブに行動する!!

ストレスを感じた自分に"適切に対処"することが大切です。

「私は何をやっても駄目だ。」という感情をもって、先に進めなくなるのではなく、どうしたら良いか？という考えに切りかえる必要があります。

ここは、考えをどうポジティブに切り替えるか説明します。ゆっくり読んでください

状況　→　仕事でミスをした

考え　→　『しまった！どうして私はこんなに駄目なのか。』

感情　→　落ち込み、やる気を失う

行動　→　仕事が手につかない　→ここで考えや行動が止まってしまうと、ネガティブな状況から抜け出せません

ではどうしたらいいのでしょう？　　ここがポイント!!

別の考えはないか？　　『確かにミスはしたけれど、次に同じミスをしないためにはどうしたらいいだろう？』

バランスのとれた考えを身につける

感情　→　気が楽になった

行動　→　対応策を考え、上司に相談してみよう
　　　　　↓
　　　　まずは自分で考えてみることが大切

このように何かストレスに感じる事が起きたとき、必要以上に落ち込まないようにします。そして、自分を苦しくさせている"考え"に気づき、バランスのとれた考え方を身につけることが大切です。

"病は気から"というように心の持ちようで、物事は良い方向に向かうものです。

ちょっとした"考え"の切りかえをして、ポジティブになりましょう。

講師用

★対処レパートリーを増やそう

　信頼する誰かに相談することや、気分転換をはかるなど対処方法が多くあるほど、自分のストレスマネジメント力を強めることができます。
　このレパートリーが幅広ければ、多様なストレスに、柔軟な対応ができるのです。

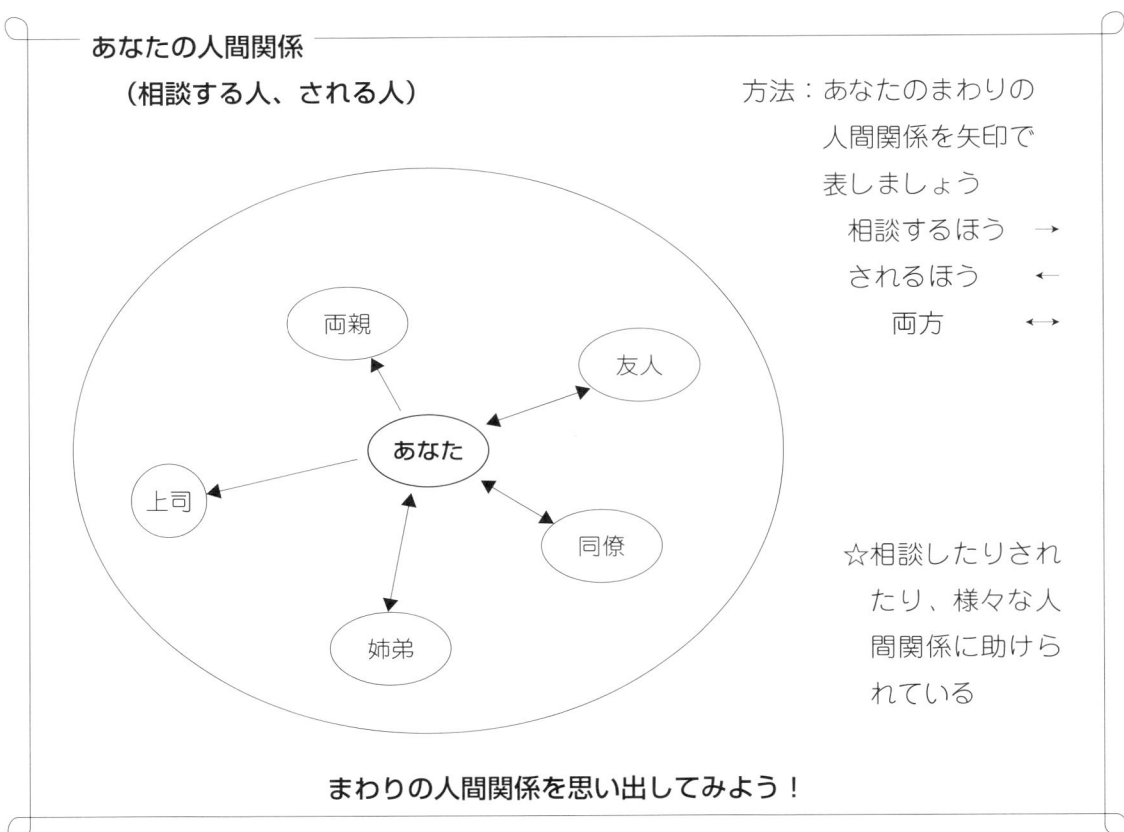

あなたのストレス解消法

例　コミュニケーション（会話、相談）
　　体を動かす、休養、趣味、など…
☆具体的に記入しましょう。
　　　　　あなたは？　──→

あなたのストレス解消法は？

個々に記入する。
これをするとリラックスできるとか、自分にとってのストレス解消法を記入する。

4 本当のリスクマネジメントは"顧客満足"

●「あの人素敵！」と思わせよう

"一目惚れ"をしたことがありますか？
出逢いの瞬間に心をひかれてしまったこと…
「一目見ただけで何がわかりますか」と思うかも知れませんが、むしろ人は一瞬のうちに相手を見てとってしまうのです。

人間の五感で視覚の占める割合は、80％といわれています。外見、動作、表情なども言葉に劣らず、コミュニケーションの重要な要素です。

福祉の現場におけるリスクとは？

"転倒？"それとも"誤嚥？"多くの人がイメージする事柄でしょう。しかし、本当ははじめて利用者やその家族に会ったときからリスクマネジメントははじまっています。信頼関係は1日にして築くことはできません。だからこそ、毎回の対応が大切になります。"相手は初対面で受けた印象をのちまで持ち続ける"というおもしろいデータがあります。逆に第一印象は払拭しづらいということでもあるのです。

スタッフ「はじめまして、田中と申します。」
利用者　「こんにちは。」
　　　　『優しい感じの人だね…』
家族　　「よろしくお願いします。」
　　　　『言葉づかいも雰囲気もいいわ…』

利用者や家族は、田中さんのどんなところで"優しい感じの人"という印象をもったのでしょう？

笑顔だった。目線を合わせて挨拶をした。清潔感のある服装だった。

ケアは利用者が主体です。私たちスタッフの対応がどう受け取られるかが大切です。

『あなたと一緒に頑張りたいわ！』

利用者にそういっていただきたいものです。

信頼関係がリスクマネジメントの第一歩。あなたの気配り、心づかいが相手に伝

わるよう行動しましょう。

① 自分の評価を高める身だしなみ

　同じユニホームなのに、着る人により受ける印象が違うのはなぜでしょう？

　そのポイントは「清潔感」です。服装、頭髪、手足、靴など相手の目に映る部分を清潔に保つことが大切です。

　身だしなみは、「相手がどう思い、何を感じるか」を教えて、自分の身なりを整えることといえます。

　「清潔感」がケアに対する心がまえ、丁寧さ、すがすがしい人柄などの好印象につながります。

② 言葉づかいのポイント

　職場でどんな言葉づかいをしていますか？

　高齢者やその家族は友達ではありません。敬語を使える人が時に崩して、親しみやすさを感じていただく対応と、使うことができず、常に崩している会話とは異なります。親しく話すことでコミュニケーションがスムーズになることはありますが、敬語を適切に使えなければ、利用者に敬意をもって接していることは伝わりません。

　敬語は習うより、慣れです。使ううちに目上の方に失礼ではない話し方ができるようになります。あなたの優しさや思いが伝わり、利用者が前向きになれるような声掛けをしましょう。

③ 気持ちを伝えるコミュニケーション

　「忙しそうで声が掛けづらい…」という意見がスタッフに対し、利用者、家族が改善してほしいことの上位にあげられています。

　あなたなら、『笑顔』で対応している店員さんと『ムッ』としている店員さんとどちらに対応してほしいですか？

　"心は態度に現れる"というように、コミュニケーションにおいて、態度が言葉以上の力をもつ場合があります。

　いつも笑顔を心がけて対応しましょう。

4 本当のリスクマネジメントは"顧客満足"

ビューティフル ストーリー

声かけの難しさ

私がケアスタッフになりたての頃こんなことがありました。
トイレ誘導のため、
「Bさんトイレへいきましょう。」
「えっ？」
私は"トイレ"という言葉が通じなかったと思い、
「Bさん、お手洗いです。お手洗いへいきましょう。」
「えっ？何だって…。」
いいたい事が伝えられない私の様子を見て、先輩スタッフが、
「婆ちゃん、便所!」
と声をかけました。
「あー便所、いく！ありがとう。」

丁寧な声かけは大切です。しかし、通じなければ意味がないですね。
相手に合わせ、使いわけができることが最も重要だと気づきました。
もちろん、穏やかな口調で「婆ちゃん、便所！」
どうですか、嫌な印象を受けますか？

受講日	名前	講師名

顧客満足

問題①
　『おしゃれ』と『身だしなみ』の違いを考えてみましょう。

　身だしなみチェック!!

```
　おしゃれ…

　身だしなみ…
```

　今日のあなたの身だしなみは大丈夫ですか？

（○×で自己チェックしよう）

○か×	項　目	チェック
	髪の毛	業務の邪魔にならない髪型、不快感を与えない髪の色
	顔	自然なメイク、無精ひげはない
	手	爪は短く、清潔になっている
	服装	しわ、汚れ、匂いがない
	エプロン	清潔な物を用意、食事専用エプロンを用意している
	足元	靴、靴下は清潔になっている
	アクセサリー	指輪、ピアス、時計ははずしている

自分で気を付けることはもちろん、スタッフ同士で注意しあえるようにしましょう!!

グループワーク

事例 1

> 施設見学に、今井フサさん（女性 82 歳）と息子の太郎さん（55 歳）がみえました。あなたは施設案内をすることになっています。自己紹介をしてください。

① あなたならどのように対応しますか？（言葉、態度） 個々に記入

言葉

態度

② ロールプレイで演じてみましょう（出演　今井フサさん、太郎さん、スタッフ役）
＊必ずスタッフ役を経験してください。

良かった点

改善点

＊自分の言葉や態度が、相手にどう受け止められたかグループ内でフィードバックしましょう。

③ グループディスカッション

| わたしたちのグループは |
| に気を配りながら対応したい。 |

④ 全体発表

⑤ まとめ

講師用

顧客満足

問題①
　『おしゃれ』と『身だしなみ』の違いを考えてみましょう。

> **おしゃれ**…好きなファッションを身につけることで自己評価といえます。
>
> **身だしなみ**…服装をみて相手がどう感じるかを意識してきちんと整えることで、他者評価といえます。

　　　　　　　　1. 問題を各自テキストに記入します。(5分)
　　　　　　　　2. 3人程度当てたあと、答えを発表します。

身だしなみチェック!!
今日のあなたの身だしなみは大丈夫ですか？

（○×で自己チェックしよう）

○か×	項　目	チェック
	髪の毛	業務の邪魔にならない髪型、不快感を与えない髪の色
	顔	自然なメイク、無精ひげはない
	手	爪は短く、清潔になっている
	服装	しわ、汚れ、匂いがない
	エプロン	清潔な物を用意、食事専用エプロンを用意している
	足元	靴、靴下は清潔になっている
	アクセサリー	指輪、ピアス、時計ははずしている

自分で気を付けることはもちろん、スタッフ同士で注意しあえるようにしましょう!!

4 本当のリスクマネジメントは"顧客満足"

講師用

グループワーク

事例 1

施設見学に、今井フサさん（女性 82 歳）と息子の太郎さん（55 歳）がみえました。あなたは施設案内をすることになっています。自己紹介をしてください。

① あなたならどのように対応しますか？（言葉、態度） 個々に記入

言葉　今井さん　こんにちは。介護スタッフの○○です。
　　　今日は私が施設内を案内させていただきます。何でも質問してくださいね。
　　　ゆっくり進みますが、お疲れでしたらおしゃってください。
態度　笑顔で、目線を合わせながら話しをする。
　☆上記だけが答えではありません。丁寧さや、心くばりがあればよいです。

② ロールプレイで演じてみましょう（出演　今井フサさん、太郎さん、スタッフ役）
＊必ずスタッフ役を経験してください。
良かった点　　明るい表情がよかった。
改善点　　もう少しゆっくり話しをすると高齢者にはよい。
＊自分の言葉や態度が、相手にどう受け止められたかグループ内でフィードバックしましょう。

③ グループディスカッション

わたしたちのグループは
　例：笑顔で、丁寧な言葉づかいをすること
　　　　　　　　　　　　　　　　　　　　　　　　に気を配りながら対応したい。

④ 全体発表
　＊それぞれのグループが話し合いの結果よいと思われる対応を実践しましょう。

⑤ まとめ

自分の態度や言葉が相手に与える印象を知ることで、改善点を明らかにし、明日からのケアで実践しましょう！

ビューティフル ストーリー

「わかりやすさ」

講座のアンケートに「わかりやすさ」の項目があります。

わかりやすさは楽しさにつながりますから、満足感や達成感にもかかわってきます。

学習意欲を左右するので、とても大事です。

わかりやすさは、講義の内容だけではなく説明の順番、受講生に合わせた言葉づかいなどが軸になります。

声の抑揚やスピードも「聴く」立場に影響していますね。

わかりやすさを心掛けていきましょう。

5 リスクに気づいて"介護事故防止"

● 事故はなぜ起った？どう防げたのか？

『ハインリッヒの法則』を知っていますか？
　利用者が死亡するなどの重大な事故が1件起った場合、その現場では軽傷事故が29件、事故には至らなかったが、ヒヤリやハッとした体験が300件存在するという法則です。
　現在では介護事故防止のために「ヒヤリ・ハット・事故報告書」を80％以上の介護現場が実施しています。取り組みにおいて大切なことは、その状況をスタッフが「ヒヤリ」や「ハッ」として、気づく能力があることです。気づきがなければ、事故になったかもしれない原因を見過ごすことになります。報告書への記入はされず、チームへの周知まで進みません。

「あっ！あのままでは危ない…」
　スタッフは危険に気づきました。リスク予測のためにスタッフが身につけるべき能力は、注意力、観察力、判断力です。この能力は経験から学んだことが"身につく"ことでもありますが、トレーニングを積むことで"身につける"こともできます。ケアスタッフの学びや成長を見守るだけではなく、気づき、考え、行動できるように、育てる意識をもつことが大切です。
　一部のスタッフだけリスクに関する認識が高くても、利用者の安全を守ることはできません。危険予測トレーニングを行い、リスクが存在しないかを常に考えながらケアするチームをつくれば、事故を未然に防ぐことができます。

　多く発生している施設での介護事故には、転倒、原因不明、誤嚥が上位に挙がってきます。
　これらから何に注目しますか？
「転倒、やっぱり…」
　他に気づくことはありませんか？
　原因不明が上位に挙がってくること。むしろここが重要です。
　これは起った事故に対して"理由がわからない"または"分析していない"とい

うことです。報告書を提出したら責任は終わり…。

　明らかにしなかった原因をそのまま放置していれば、同じ事故が再発することは想像できます。すべてのことには原因があり、結果があるのです。

　なかなか減らすことができない介護事故のポイントを見直し、スタッフ1人ひとりの意識改革と行動改革を行いましょう。

手段1

　経験を共有しあう　　「ヒヤリ・ハット・事故報告書」

　取り組みによって→・事故の状況報告
　　　　　　　　　　・情報開示、情報共有
　　　　　　　　　　・危険回避に対する意識向上
　　　　　　　　　　・「報告・連絡・相談」の徹底

　＜効果＞→「安全確保」を考え、行動ができるようになる

手段2

　危険を予測し事故を防止　　「危険予測トレーニング」

　取り組みによって→・観察力
　　　　　　　　　　・考察力　｝を身につける
　　　　　　　　　　・判断力

　＜効果＞→チームメンバーと意見交換し考察することで、個々の危機回避能
　　　　　　力を高める

　　　　　　　　　　↓意識改革・行動改革

介護事故防止・サービス向上（安心・信頼）

手段① 「ヒヤリ・ハット報告」実践のポイント!!

① いやな報告こそ速やかに行いましょう。

　ホウ・レン・ソウとは「報告」・「連絡」・「相談」の頭文字をとったものです。仕事を進めるうえで最も大切な基礎であり、これらをスタッフが正しく実践できているかをまず振り返りましょう。

② 「この取り組みを行う必要性」を全スタッフが理解していますか？

　人間は誰でも間違えることがありますが、同じ間違いを繰り返さないように情報を共有し、今後の対応策を考え、実践することが必要です。

　繰り返しその意義を経営トップから説明しましょう。報告書を提出することは、自己反省や職場内のサービス向上に対する意識が高いとして、評価するべきです。

③ 報告フォームは記載しやすいものですか？

　職場の運営形態によって独自の様式を作成してよいことになっていますが、あまりに記載に時間を要すると報告そのものが速やかに行えないため、簡単なフォームにすることが必要です。しかし、必ず入れなければならない項目があります。

　・何故その状態になったのか？　・今後の対応策は？　この2点です。

　この考察が、当事者としてどこまで考察できるかが重要です。

　自己の不注意でのミスや、利用者を危険な状況にしてしまった場合、誰でも反省するでしょう。「ああ、何て自分はダメなのだ…」しかし、その原因や考察が報告されなければ、そのミスが今後に生かされません。ときには、委員会や会議での決定事項とは違う対応策であってもよいのです。

　自分で考えることにより、危機予測ができ、同じ失敗は繰り返さないようになります。

④ 報告書を活用分析し、再発防止につなげていますか？

　報告内容は優先順位をつけて、部署内、委員会、主任クラスの会議で対応策を話し合いましょう。そして、チームに必ずフィードバックすることが必要です。

　また、当事者ではなかった人も「もしかしたら、同じミスを自分もしたかもしれない」と考えることが大切です。

最もよくない対応は、個人のミスとして処理してしまうことです。この状況は、個人の意欲を失わせるだけではなく、チームとしての活気を失わせることになりかねません。

　現状を見直してみてください。考え、行動できるスタッフをどこの現場でも求めています。

　「ヒヤリ・ハット・事故報告書」はスタッフ育成の重要なツールであるというもう1つの側面を見直しましょう。

手段②

「危険予測トレーニング」実践のポイント!!

　危険予測トレーニングでは、日々のケアで起こりやすい題材を用いています。
　想像すると場面が浮かぶような題材から訓練を行うことで、少しずつ危険予測の力が身につきます。数回行う間に今まで何気なく見ていたことを、目的をもって観察している自分の"目"に気づくことになります。
　3か月に1度時間を長くとるより、部署ごとに行うカンファレンスなどで、短時間でもトレーニングを行い、定着させるほうが効果は早く現れます。
　現場ではとっさの判断が必要な場合も多く、様々な場面でのリスク予測を行えることが大切です。また、原因がなかなか浮かばない場合は、介護の基礎知識を学び直す必要があります。

　組織内研修では、新人スタッフや非常勤スタッフもディスカッションに参加し、意見をいうことができるような配慮が必要になります。
　ベテランスタッフから様々な視点を学ぶことはもちろんですが、経験と共に忘れがちになっていた"何か"を新人スタッフが"さらり"と教えてくれるかもしれません。それに気づく感性も必要です。思わぬ意見や、視点が出た場合は、
「すごいねー！それには気づかなかった。」
と、お互いを認め合う勉強会なら、参加してよかったと思えます。

　「ヒヤリ・ハット・事故報告書」などに記載されていた内容を職場で独自に題材として活用し、トレーニングの内容をより具体的にすることも効果的です。
　そうすることによって、報告の為だけの書類ではなく、そこから学ぶ生きた報告書になります。

　小さなヒヤリを見逃さないケアスタッフに育成するよう、危険予測トレーニングを行いましょう。

受講日	名前	講師名

介護事故防止

危険予測トレーニング①
　状況

> 奥田五郎さん（男性 80 歳）は、しっかり靴をはかず、かかとがはみ出ている状態で歩行しています。

質問①　どんな危険がありますか？　　　（リスク予測）

質問②　原因は何でしょう？　　　（原因分析）

5 リスクに気づいて"介護事故防止"

質問③　あなたはどのように行動しますか？

行　動 (安全のために必要な行動)	理　由 (なぜこの行動が必要か理由を記入)
1．本人に声かけをする	
2．椅子をもってくる	
3．原因を確認	
4．靴をしっかりはいてもらう	
5．チームに報告	

講師用

介護事故防止

危険予測トレーニング①
状況

奥田五郎さん（男性80歳）は、しっかり靴をはかず、かかとがはみ出ている状態で歩行しています。

質問①　どんな危険がありますか？　　　（リスク予測）

ふらついて、転倒する。重大な事故となれば骨折するかもしれない。

誰かが近くにいて転倒すれば、他者もケガをするかもしれない。

質問②　原因は何でしょう？　　　　（原因分析）

- 靴のサイズが合わない
- 靴がはきにくいデザイン
- 面倒に思っている
- 足にトラブルを抱えている（傷、浮腫）
- 靴下が厚手でしっかりはけなかった
- 奥田さんに危険という意識がなく気にしていない

☆答えは1つではなく、考えられる原因をたくさん記入するよう促しましょう。

5 リスクに気づいて"介護事故防止"

講師用

質問③　あなたはどのように行動しますか？

行　動 （安全のために必要な行動）	理　由 （なぜこの行動が必要か理由を記入）
1．本人に声かけをする	・かかとが出たままの歩行は転倒の危険性があるため、止まってもらう。
2．椅子をもってくる	・かがむことや、片足立ちで靴をはく姿勢は不安定になるので、腰を掛けてもらう。 　または、手すりのあるところまで、手引き歩行をする。
3．原因を確認	・すぐに靴をはいてもらわず、足のトラブルや靴に不具合がないか確認する（原因分析の内容）。 　ポイント：原因をここで明らかにできれば、その場のみの対応ではなく、今後の危険も防ぐことができる。
4．靴をしっかりはいてもらう	・転倒防止のため、歩きやすいように、はき直す。
5．チームに報告	・小さな原因であっても報告し、今後の注意事項を共有し、サービスの統一をはかる。

受講日	名前	講師名

介護事故防止

危険予測トレーニング②
状況

佐藤たまさん（女性84歳）は、食事時、スプーンを使用し自己摂取していますが、ムセがみられます。

質問①　どんな危険がありますか？　　　　（リスク予測）

_____

_____

_____

質問②　原因は何でしょう？　　　　（原因分析）

_____

_____

_____

質問③　あなたはどのように行動しますか？

行　動 （安全のために必要な行動）	理　由 （なぜこの行動が必要か理由を記入）

5 リスクに気づいて"介護事故防止"

講師用

介護事故防止

危険予測トレーニング②
状況

佐藤たまさん（女性 84 歳）は、食事時、スプーンを使用し自己摂取していますが、ムセがみられます。

質問①　どんな危険がありますか？　　　（リスク予測）

例　・この状態が続くと、食事に対する不安、恐れの感情を抱く。

　　・摂取困難になれば栄養低下、脱水の可能性がある。

　　・誤嚥の可能性あり。誤嚥性肺炎のリスクも高まる。

質問②　原因は何でしょう？　　　（原因分析）

例　・咀嚼、嚥下機能低下、または困難　　　・口腔ケアが不十分　　・義歯の不具合

　　・姿勢が悪く、顎を引いた状態で食べていない　・覚醒していない　　・体調不良

　　・口に運ぶペースが早い　　　　　　　　　　　・食事形態が合っていない　など…

☆①．②をたくさん考えリスクの考察、原因分析ができるようになりましょう！

質問③　あなたはどのように行動しますか？

行　動 （安全のために必要な行動）	理　由 （なぜこの行動が必要か理由を記入）
1. 食事を一度やめるように声かけ	ムセが続く状態では誤嚥の危険が高いためムセが止まるまで、口腔内に食べ物を入れない。
2. 状態を観察	どの状態でムセがみられるか観察する。
3. 原因を確認	原因を確認し、対応策を検討する。関係職種と連携する。
4. 安全に食事ができるよう近くで見守りケア	すぐに解決できる姿勢などが原因であれば、姿勢を正し、食事を再開する。
5. チームに報告と記録を行う	今後の注意事項をチームに伝え、状況を記録に残す。

ビューティフル ストーリー

他人の関係

「若い子がついてこないんです。」
ベテラン看護師から相談を受けました。
長年後輩の指導にあたってきましたが、どんどん自分との年の差は広がるばかり。
最近は、自分の指導法が不安になることが多く、講座に参加しましたとのこと。
お話を聞き、具体的にいくつか提案をしてみましたが、
これまで全部やってきたと話されます。
彼女自身が、情熱をもって、指導にあたっていることもよくわかります。
「自分の子どもと思って、本気で怒ってるんですがね…」
ここに答がありました。
「親子なら、けんかをして放っていても、明日になれば、解決していることもありますが、職場の関係は親子ではないのです。こちらが愛情をもって厳しく指導しても、中には反発で終わる人もいます。フォローを行わないと、そのまま、溝が深くなることもありますよ。特にこれからの人たちは、職場に親子関係を求めないことも考えられますね。」
ベテラン看護師は、心当たりがあると大きくうなづきました。
きっと、彼女の職場の新しい教育体制ができる日は近いことでしょう。

6 チームワークを高める"グッドネス報告書"

● よかったことの情報共有をしよう！

「今日はよい知らせがあります。」
こんな言葉ではじまった朝礼、どんな気持ちがしますか？
「えっ！どんな事ですか？」　笑顔…

体は乗りだし、目はキラキラ、朝から気分がよくなるでしょう。福祉の現場は人の命をあずかる場所です。その責任から、ミスを報告し、ときには「叱られ」自己嫌悪に陥ることもあります。ヒヤリ・ハット・事故報告書が定着している職場も増えてきました。

自己反省し、今後のための対応策を組織として考え、実行することは重要です。

どんな車にもアクセルとブレーキがあります。アクセルばかりでは車はどんどん暴走しますし、ブレーキだけでは先に進むことはできません。この両方があって車としての機能をはたします。

「褒める」が人を伸ばすアクセルなら、「叱る」が人に改善点を気づかせるブレーキと考えてみてください。皆さんの職場はブレーキばかりではありませんか？

「褒める」ことは「認める」ことです。アクセルとブレーキは一見逆のように思えますが、人材育成のためには2つとも欠かせないのです。両方をバランスよく使うことで、はじめて向上することができるのです。

介護老人保健施設で勤めていたとき、主任がこんな話しをしてくれました。
「今年の冬は体調不良が少なく、皆さん落ち着いているね。スタッフが日頃の小さな体調変化を見逃さないで、気づけるようになったからだよ。」
その言葉で思い出したのです。昨年の夜勤は、休む間もなく体調不良の方のケアを行ったことを。「あー去年はそうだった…。」
今の夜勤の静けさから、チームの成長を感じることができました。

よい行い、よい出来事をグッドネス報告書でどんどん共有しましょう。そして自分の成長、仲間の成長、チームの成長、組織の成長を振り返りましょう。

グッドネス報告書の記入方法
こんなよいことスタッフに伝えたい！

- こんな対応で利用者によい変化がみられた。
- 同僚のこんな対応、真似したい。
- 利用者から喜ばれたこんな対応。
- ご家族からの喜びの声。
- 利用者の新しい一面。
- 私の成長、あなたの成長。
- チームの成長。
- 感動したこと。
   　他…

こんな項目はいかがですか？
＊記入してみましょう。

....
....
....
....
....
....
....
....
....
....

まだ、職場にはたくさんのグッドネスがあります。
私たちは気づきながら喜びを共有する機会が少なかったのです。
恥ずかしがらずに、小さなことでもグッドネスを共有しましょう。

利用者との"グッドネスエピソード"も共有したい！

　ある日、風邪気味のためマスクをして出勤したことがありました。
「どうしたのだね？」
と声をかけてくださったKさん。
「風邪気味なので、皆さんにうつすといけないと思いまして…」
　それを聞き居室に戻ったKさんから、しばらくすると白い便せんを渡されました。
「僕が書いた処方箋だよ。これをもって病院にいきなさい。早く治すのだよ。」
　その便せんの文字は、かろうじてカタカナとわかる程度でしたが、最後のKさんのサインはしっかりと書かれてありました。
　Kさんの職業は医師でした。認知症となってからも病気の人を治してあげたいと処方箋を書いてくださったのです。「なんて優しい気持ち…」とスタッフと"感動"しました。
　そしてご家族にもこの出来事をお伝えしたのです。とても嬉しそうにされていた奥さまの顔を、今も忘れることができません。

　「こんな嬉しいことがありましたよ。」とご家族にも伝えましょう。
　スタッフ全員で共有していれば、誰もがご家族に伝えられます。
　面会が増えるという効果も期待できるでしょう。

　"感動"をすると人に伝えたくなりませんか？
「あの映画、よかったよ！」
「あの本、読んでみて！」
　脳の進化の視点からすると、感動した体験を自分だけのものにするのではなく、皆でシェアしたほうが、人類としてレベルアップできるからだと、脳科学者はいっています。
　職場でも、相手を認めることや、よかったこと、感動を伝えることでスタッフがより生き生きケアするようになります。喜びを共有する時間もつくることで組織全体が向上するのです。
　"ヒヤリ・ハット・事故報告書"と"グッドネス報告書"両方を組織で取り組みましょう。「褒める」ことと「叱る」ことで人は成長するのです。

■ グッドネス報告書 ■　　　　　　　　　　　資料

グッドネス報告書

報告者	年　　月　　日
題	

こんな出来事がありました

感じたこと

7 自然に動けば最適 "移動介助"

● 声かけは気持ちを動かすホイッスル ●

「よいしょ‼」と思わず声が出てしまうことはありませんか？
気合いを入れるあまりでしょうか?!　でも、それは、荷物を運ぶときです。
「ごめんなさい。大丈夫ですか?!」
謝ってばかりいる介助では、自分から信頼関係を壊しているのと同じです。
訪問介護の方は、1対1で行うケアも多く、常に自分の介護を客観視できていないと、「よいしょ‼」「ごめんなさい」が口癖になっているかもしれませんよ。

「安全」＝「　　　」
ここに入る言葉はなんでしょうか?!

答えは「安楽」です。
「安全」と「安楽」は介護者によって作られるものなのです。
浴室や食堂に移動するまでに、不安や負担をかけては「もう、今日はいきたくない。」と言われても仕方ありません。本来の目的を果たす前に気持ちも身体も疲れてしまいます。介助する私たちも、動く気持ちのある人を介助するのと、動く気持ちのない人を介助するのでは、所要時間も負担も疲労も違ってきます。

移動介助はただ移動をすればいいのでしょうか？

「移し動かす」移動では、動くご本人の主体性は芽生えません。自分で「動いてみよう」と勇気づける気持ちと、どうすれば自分で動けるのかを伝授してこそ、はじめて移動介助といえるのです。「ああ、ヘルパーさんは横を向いて肘をついて、手すりをもって起き上がるようにいっていたな。」
本人が1人でも方法を思い出し、「起き上がろう。」と思っていただけ、「今日はヘルパーさんがくるから、日の当たるところで午後から過ごしたいな。」と動いてみようと思ってもらえるような移動介助技術をもちましょう。

3つのポイント
①声かけ
②ボディメカニクス
③人が動くときの流れ

この3つのポイントをどの移動介助にもあてはめていきます。
座位→立位　　仰臥位→側臥位　　起き上がり…
車椅子への移乗、浴槽への出入りなど福祉用具を使用する移動介助でも考え方は同じです。

①声かけ
声かけは「意識づけ」です。
たとえば、あなたが二人三脚をしたとしましょう。
競技開始の合図の前に、「今から、あそこまで走りますよ」と目的を伝え、それから、
「イチ、ニ！イチ、ニ！」という掛け声に合わせることで、走りやすくなりませんか？
ペアが介助者と要介護者だとしたら、確認の声かけがあることで、同じ目的に向かいやすくなりますね。また、同じ目的に向かい気持ちを合わせることは、事故防止に重要な役割を果たしています。
移動介助のはじまりは目的を伝えること、移動意識をもつこと、そこからはじまっています。

②ボディメカニクス
書籍やテキストには、様々なボディメカニクスの説明が書かれています。
「介助者の負担を軽減する移動介助の基本」など主語を介助者とした説明がほとんどです
よく考えてみましょう。介助者が負担なく介助できるということは、利用者も負担がないということです。介助者自身がラクなら、相手もラクなのです。
あなたが感じている心身の思いは、要介護者の心身の声だということです。

③人が動くときの流れ
人は、何をするときだって、自然がラクですよね？
それは、移動においても同じです。

7　自然に動けば最適 "移動介助"

人は歩くときにどんな足の動きをしますか？イメージしてみてください。

右足、左足、右足、左足と交互に片足を踏み出しますね。では、交互に一歩ずつ踏み出すのではなく右、右、左、左と片側を2歩ずつ、踏み出してみてはどうでしょう？

非常に歩きづらい、もしくは、不自然な動きになり転倒してしまいます。

このように、人が動くときの流れは、自然がラクです。介助も自然の流れに沿って行う方がお互いにラクなのです。いつも自分がやっている流れを頭に描いて介助を行ってみてください。

わからなくなれば、同じ動作の流れを自分がやってみると具体的になります。

ADLの違いにより介助する、スムーズに動けるように介助をするなど、人が動くときの流れをベースにその方のできないところの介助を行います。

スタッフにより介助方法が違うと、

「吉井さんはいつも優しいのに、菊地さんは優しくない。」

利用者にすれば、介助の方法を「優しい」「優しくない」で捉えてしまうこともあるでしょう。もしくは、「親切」「不親切」で感じる人もいるでしょう。職場として同一の介助方法を行うことは、利用者に安心感を与えるということです。

職場としての質の評価が上がることでもあるのです。

移動介助は、「安心」「安楽」を利用者がストレートに感じるそのものだからです。

コラム

デイケアサービスをご利用の右マヒがある雄太さんは歩行意欲が旺盛です。
理学療法士の指導のもと、週2回のリハビリに励んでいます。
また、ご自身の体調もしっかりと把握されていて、私たちに声をかけてくださいます。

「今日は雨が降りそうだから、腰のあたりをしっかりもっててね。」
「昨日、よく眠れて調子がいいから、3往復、歩くよ!!」

介助方法は障害の部位が同じでも、人によって違います。また、時間帯、天候、睡眠時間、気持ちなどで、その時々の状況は、違ってくるのです。
私たちもご飯を食べる前と食べた後では、動きたい気持ちが変わりますよね?!
あなたは満腹のとき、エアロビクスに誘われたら、「もう少し待って!!」と思いませんか?! もし、満腹でエアロビクスにいったとしたら、あなたのエアロビクスに対する印象は、きっと、あまりいいものではないでしょう。
それが、高齢者の外出やリハビリだとしたら…?
TPOに合った移動介助はご本人のやる気や自信に大きく影響しています。

T＝時（time）　P＝所（place）　O＝場合（occasion）

受講日	名前	講師名

移動介助

1. ボディメカニクスとは？

① 基底面を広くする

② 利用者に近づく

③ 利用者を小さくまとめる

> 自分のいつもの動きを考えてみてね

> 声かけはどんな小さな動きでも忘れずにね

2．実践してみよう。

中野たけさんは 78 歳。
イスに座っている中野さんを食堂までお連れしてください。
中野さんは軽度右マヒです。

講師用

移動介助

1．ボディメカニクスとは？

利用者と介助者の負担が少ない移動介助方法。
介助者がラクなら、利用者もラクです。双方の負担軽減を強調してください。

① 基底面を広くする

足を広げる・腰を低くする。
お相撲さんは、大きな体でも動きが軽いですよね？
（シコを踏む動きでアピールする）

② 利用者に近づく

「密着する」くらいの意識をもたせましょう。
米俵を担ぐのと、手だけでもつのと、どちらがラクで
安心ですか？

③ 利用者を小さくまとめる

安全確保のため、重要です。
たたみ1畳を運ぶのと、同じ重さのボストンバッグ
を運ぶのではどちらがラクで安全ですか?!

> **自分のいつもの動きを考えてみてね**
> 自分の動き（自然の動き）で介助するのが1番ですね。

> **声かけはどんな小さな動きでも忘れずにね**
> 移動介助のはじまりは声かけです。まずは気持ちを動かしてから移動しましょう。

7　自然に動けば最適 "移動介助"

講師用

２．実践してみよう。

　中野たけさんは 78 歳。
　イスに座っている中野さんを食堂までお連れしてください。
　中野さんは軽度右マヒです。

＜講師デモ＞
　「中野さん、今から食堂へいきます。調子はよろしいですか？」（状況説明と体調確認）
　「足を引いてください。」　健側はご本人に動かしてもらう。
　「では、私の肩にしっかりとつかまってください。」　右側の半身の位置に立つ。
　「それでは立ち上がります。イチ、ニのサン！」　息を合わせるよう声かけを行う。
　前かがみを意識し、おじぎを誘導して、立ち上がるように介助する。
　しっかり、立てたことを確認する。
　「大丈夫ですか？」（安全確認）
　「では、食堂へいきましょう。」　　２、３歩、歩き終了。

① 　グループに分かれ、介護者と利用者を体感し、日ごろの介助を振り返る。
② 　「人が動くときの流れ」を意識するために、おじぎをせず上に引き上げる介助（＝自然の動きを無視）をあえて行う。

　「声かけと自然の動きって大切ですね？」
　※条件設定は、自分たちで決めてください。

ビューティフル ストーリー

講師の醍醐味

「講師っておもしろい？」

ある方にこんな質問を受けました。

講義中の発表やディスカッションの声に感動が多くあります。

あらためて、考えるきっかけや学びをもらいます。

学校教育が「教えること」と「育てること」、将来の選択を広げることならば、社員教育は、会社の希望する「人材」、組織の期待する「人材」に育成することです。あなたの職場が、いつか退職するかもしれないスタッフに、どこにいっても通用する、退職金に勝る「実力」をつけることができたら、素晴らしいとは思いませんか？

8 着患脱健はもちろん "着脱介助"

● 1番身近な自己表現リハビリ!!

「服を着せればいいと思っている‼」理学療法士が怒っています。

「リハビリに携わる者は、高齢者の身体機能を最大限に生かした着脱方法を訓練しています。しかし、生活に密着しているケアスタッフが高齢者のできること、できないことの見極めができていなければ自立支援にはつながらない‼」

私たちは、排泄や入浴などの動作の流れで、着脱介助を行うことが多くありますが、時間という制限の中で介助を行う「焦り」から、自立支援を置いてきぼりにしていることはありませんか？

着脱介助は着脱だけが目的ではありません。

ある日の介護老人保健施設での出来事。

主任が新人スタッフに明日の入浴準備のため、居室をまわり、更衣用の服を一式揃えるようにお願いしたそうです。ところが、なかなか帰ってこず、先輩スタッフが居室を覗きにいくと、新人スタッフは利用者と服の組み合わせに悩んでいたというのです。主任は、自分が忘れていた衣類着脱の原点を思い出したといいます。

衣類着脱の原点とは何でしょうか？

利用者の視点です。洋服を着る本人の視点、気持ちです。

施設では、汚れる上下の割合と洗濯などの都合で上下組みあわせると、とてもユニークなセンスになることがあります。たとえば、上下組が縦縞と横縞。花柄と水玉。ピンクと赤。

それが、本人の希望される好みならいいですが、あなたならどうでしょう？

衣類着脱は洋服を選ぶところからはじまっています。

ご家族や本人が用意した選択肢から、「明日、どれを着ましょうか？」という自己決定を促す声かけです。「こちらのお洋服でよろしいですか？」と確認の声かけです。

「何着ても一緒。どこもいくとこないしなぁ…」そういわれたら、あなたはなんてお答えしますか？

目的です。目的があれば、そこに意味が生まれます。

「明日、この服を着てリハビリへいきましょう。」「おしゃれをして、相撲を見ましょうよ。」など目的は日常生活の中にあります。

あなたは、今日、朝起きたままの格好で1日を過ごしましたか？
衣類は、他者からの評価や印象を左右づけます。そして、何より、視覚を通しての自分への刺激が、自分の価値や気持ちを意識づけるのです。

・着患脱健
衣類着脱介助の基本はあなたがご存知のとおりです。
大事なことはご本人のできるところはご自分で行ってもらうということです。
右マヒの方に対して、「左」
え？何が?!って…
活用できる方（腕・手指）は「左」です。
介助する私たちが、個々の身体機能を把握し、「できるところ」「できないところ」の判断を行えなければ、自立支援にはつながりにくくなります。
健側と患側を理解した着脱介助ということです。
衣類着脱は日常生活の中で、行いやすい自立支援になります。
ただの「更衣」に終わらず、「生活リハビリ」として、位置づける介助を行いましょう。

受講日	名前	講師名

衣類の着脱

1．衣類の着脱の基本、4文字熟語は？

2．あなたは軽度の右マヒです。自発的に動かすことはできませんが、他動でゆっくりと動かすことはできます。自分1人でトレーナー（前開きでないもの）を着脱してください。

　感　想

3．どこをどのように介助をしてほしいですか？

4．ヘルパー役と利用者役：木村かずやさん（軽度左マヒ・首は安定）になり、トレーナーの着脱介助を行ってください。

講師用

衣類の着脱

「着脱介助は動作の流れの1つで行っています。排泄、入浴、食事のエプロン装着、モーニングケア、ナイトケア、外出など日常生活に多い動作であり、利用者は、ご自分でできるようになることで、生活への満足感、自信にもつながります。」

1．衣類の着脱の基本、4文字熟語は？
　　　　　着患脱健

2．あなたは軽度の右マヒです。自発的に動かすことはできませんが、他動でゆっくりと動かすことはできます。自分1人でトレーナー（前開きでないもの）を着脱してください。

　感　想
　　　　マヒ側がやりづらい。　マヒ側の袖が入れづらい。
　※　 着患脱健 　を1人で体験（衣類着脱の基本を行う）
　※　 着健脱患 　を1人で体験（衣類着脱の基本を行わない）

3．どこをどのように介助をしてほしいですか？
　　二人組になり話し合う（5〜10分）。
　　発表する。

4．ヘルパー役と利用者役：木村かずやさん（軽度左マヒ・首は安定）になり、トレーナーの着脱介助を行ってください。
　（1）3での意見を実践する（衣類着脱の基本を行う）。
　（2）（1）と比較するために着健脱患を実践する（衣類着脱の基本を行わない）。
　☆本人によっては、衣類着脱の基本でない方がやりやすい場合もあります。

9 3拍子そろった"食事介助"

● 心と体のスタミナをつけよう

みなさんの大好物は何ですか？
焼肉、甘いもの、オイル系のパスタ、ハム、かに…
美味しいものが並びましたね。
では、65歳になり、あなたの大好物を、「もう、食べてはいけません！」といわれたら……今のうちにたくさん食べておきます。って?!
それは予告なくやってきます。咀嚼力や嚥下力の低下、疾患からの制限、加齢からくる嗜好の変化、運動不足、気持ちの波、高齢者が前向きに食事をしているとは限りません。
私たちは、身体機能や心理状況を考慮して食事を提供する必要があります。
菅井さんは、「お昼ごはんをいらない。」といっています。どうしてでしょう？
理由を5つ考えてみてください。
たとえば、「体調不良だった。」という理由があがったとしましょう。
体調不良にもいろいろとあります。のどが痛い。お腹が痛い。鼻水がつらい。原因によっては、メニューや量、やわらかいものへの形態変更も必要になってきます。
さて、他には何が考えられますか？
「さっき、おまんじゅうをこっそり食べた。」
そうなると、体調不良どころか、食欲旺盛で元気なのかもしれませんね。
さて、まだ、他には？
「メニューが嫌いなものだった。」「悩みごとがある。」「あとでトイレにいくのが面倒だから。」「午後からのレクリエーションがつらくなる。」「明日、検診の体重測定があるから。」
お昼ごはんをいらないといっているというだけの条件から、これだけのことが想像できます。どれもこれもそのままにしておいてはいけないことばかりです。
そして、ここまで考えられましたか？
「もともと、お昼ごはんを食べない人なので、いつもと変わりないですよ。」

現場実習で、食事介助をさせてもらい、「いつもは4割しか食べない方が全量食べられた。」と褒めていただきました。と受講生から連絡がありました。
　現場スタッフは利用者の食事介助を何度も行っている慣れから、「この人は4割しか食べない人」と思い込んでしまっていたかもしれません。実習生はその方の食事介助は初めてでした。なぜ全量摂取できたのでしょう？
　ケアは「観察にはじまり観察に終わる。」という原点がここなのです。食べてもらいたい一心で、お口の中に放り込む「つばめの子介助」や1人で何人も対応することから、こちらの都合で1口を進める「あなたのペース介助」。
　自力摂取できない人はそれだけで、ストレスを抱えているのです。
　本来、食事はコミュニケーションの場でもあります。身体面、心理面、安全面が整ってこそ、楽しみ、団らんになることを忘れずに、食事を提供しましょう。

・手洗い・うがい
・お口の体操
・食事
・口腔ケア

　あなたの職場では、これらを一連の流れにしていますか？
　各々の目的と効果はもちろん、行わなかったときのリスクが説明できますか？

　食中毒防止は、日々の手洗いとうがいからです。
　こんなに身近で簡単にできることはありませんから、すぐに実行できます。
　最低限の予防法として意識づけるために、「言葉にする」「貼り紙をする」など、環境を整え、自発的行動につなげることが大事です。

　次は、食べるための準備運動、お口の体操です。
　高齢者の中には、話し相手がいないことや疾患・症状などの理由から、食事直前まで、口をあまり動かさない方もいらっしゃいます。大きく口を開けたり閉じたりすることで、口腔周囲筋を刺激することになり、舌をしっかり動かすことで、唾液の分泌は盛んになります。
　施設では、集団で行うことが定着しているところも多くありますが、訪問介護では、定着しづらい環境かもしれません。情報提供の役割として、食事時間のサービスに伺う人は、時間を有効活用し、簡単にできる方法と効果を根気よくお伝えしましょう。定着するまでは、一緒に口を動かすなど、協動することも大事です。

食事前にあなたの顔が浮かび、お口の体操がはじまったら、嬉しいですね。

　意識改革は行動を変えていきます。それは、利用者を待たせない業務の効率としても現れてきます。

受講日	名前	講師名

食事介助

1. 次の事例を読んで、グループディスカッションをしよう。

> あるデイサービスでの話。
> 徳井よしさん（男性 70 歳）は、脳梗塞を再発されてから、咀嚼力と嚥下力が目に見えて低下しました。体重も減少しています。自力摂取も咀嚼力・嚥下力低下から食べづらい状態です。マヒはありませんが動作緩慢のため、意欲的ではありません。そんな徳井さんに介護スタッフは時間をかけてでも ADL 維持のため、自分で食べてもらいたいと自力摂取を訴えます。一方、看護師は、主介護者である徳井さんの奥さまも心身が疲労しており、栄養面でのサポートが欠かせないとの理由から、徳井さんの栄養状態を最優先に考え、自力摂取でお疲れになり、全量摂取できないのであれば、全介助でも仕方ないと極論で介護スタッフへ訴えます。

さて、ここはデイサービスです。徳井さんの食事について、今後デイサービスとしてどのように対応していくのか、その流れと理由を導くカンファレンスを行ってください。

メモ

9　3拍子そろった"食事介助"

☆徳井さんへのかかわりと今後の食事介助への取り組み

2．あなたが食事介助を受けるとき、どのようなことを希望しますか？また、配慮してほしいですか？全部書き出してください。

講師用

食事介助

1．次の事例を読んで、グループディスカッションをしよう。

> あるデイサービスでの話。
> 徳井よしさん（男性 70 歳）は、脳梗塞を再発されてから、咀嚼力と嚥下力が目に見えて低下しました。体重も減少しています。自力摂取も咀嚼力・嚥下力低下から食べづらい状態です。マヒはありませんが動作緩慢のため、意欲的ではありません。そんな徳井さんに介護スタッフは時間をかけてでも ADL 維持のため、自分で食べてもらいたいと自力摂取を訴えます。一方、看護師は、主介護者である徳井さんの奥さまも心身が疲労しており、栄養面でのサポートが欠かせないとの理由から、徳井さんの栄養状態を最優先に考え、自力摂取でお疲れになり、全量摂取できないのであれば、全介助でも仕方ないと極論で介護スタッフへ訴えます。

さて、ここはデイサービスです。徳井さんの食事について、今後デイサービスとしてどのように対応していくのか、その流れと理由を導くカンファレンスを行ってください。

メモ

事例をじっくり読み、ポイントになるところにアンダーラインを引くように促します。

9 3拍子そろった"食事介助"

講師用

☆徳井さんへのかかわりと今後の食事介助への取り組み
　介護スタッフと看護師が建設的な意見交換ができるように導きます。
折衷策として、「半々」と介助の方法を決めるのではなく、そのようになった理由を明確にできるように考えましょう。

　　　　☆ご本人の希望　　☆ご家族の希望
　　　　☆医療機関との連携（特別対応の確認・主治医の指示確認）
　　　　☆スタッフ間での統一したサービスと経過・見直しの重要性

2．あなたが食事介助を受けるとき、どのようなことを希望しますか？また、配慮してほしいですか？全部書き出してください。

例：好きなものを食べたい。　　　温かいものは温かく食べたい。
　　好きなだけ（量）食べたい。　自分のペースで食べたい。
　　好みの味付けで食べたい。

　　様々な意見を共感してください。

食事（介助）のアセスメント

☆自分に置き換えてみれば、どんなことをアセスメントしてほしいかわかります。
☆食事を安全かつ、おいしく召しあがっていただくために、最低限必要な情報です。

♥ コラム ♥

「林間学校で作ったカレーライス」
「お母さんのおはぎ」
「嫁はんの卵焼き」
ある日のデイサービスでの会話です。
利用者さんに「もう1度食べたい懐かしい味はなんですか？」
質問してみると、当時に返ったように答えがでてきました。

あと30年経ったら……
「ハンバーグデラックス弁当」
「ファーストフードのポテト」
こんな答えが返ってくるでしょうか？

「カルシウム」
「ビタミンC」
サ、サプリ?!
食べるは健康の源です。
健康はよりよく生きる手段です。

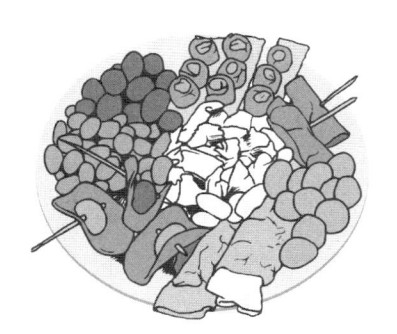

10 個々に合わせた"排泄介助"

● スタッフがいるから心配ないの

「最近トイレに間に合わなくて困るのだけど…」
こんな相談を高齢者本人から受けた経験のある人はいますか？
「腰が痛む。」「膝が痛くてね…」という相談はよくあるのに排泄に関する悩みはなかなかいいづらく、聞きづらいものです。

老化には個人差があり、排泄に関する悩みも人それぞれです。
本人にとっては切実なもの、常に生活上の不便や清潔の問題だけではなく、高齢者の気のもちようも大きく左右し、場合によっては人間の尊厳までも揺さぶりかねないものです。なるべく自力で排泄することが高齢者の身体的、精神的な自立にもつながります。
「ここまでは自分でできるから、あと手伝って…」
できる限り自力での排泄を助け、本人のプライドを守る配慮が必要になります。

居室の"ゴミ箱"に排尿がありました。この状況はなぜ起ったのでしょう？
まず排泄したいという訴えができない、またはスタッフがそばにおらず伝えることができなかった。施設であれば、広いフロアーにあるトイレの場所がわからず、仕方なく"ごみ箱"に排尿したのかもしれません。
たとえ利用者からの訴えがなくても、排泄のパターンやしぐさなどで、気づくことができればトイレへの誘導ができたはずです。

「田中さんは、トイレにいきたくなると立ち上がり、そわそわします。」
スタッフが田中さんのしぐさに気づきました。
そんなときは耳もとでこっそり、
「トイレをお探しですか？ 一緒にいきましょう。」
田中さんはどんなに安心するでしょう。
高齢者の気持ちを理解し、個々に合わせた排泄介助が実践できるようにしましょう。

① 人としての尊厳を守る

「年をとっても、下の世話にはなりたくない…」

排泄を他者の手にゆだねることは、人としての尊厳を失ったような気持ちになることは想像できます。しかし、誰かの助けが必要になる場合もあります。

介護教室でこんな質問をします。

「あなたが利用者なら、どちらのスタッフがいいですか？」

『介護技術は上手で手際良く尿漏れもしないが、無言でケアするスタッフ』

または、

『声掛けは丁寧だが、介護技術が未熟でいつも尿漏れするスタッフ』

「え〜と、そうですね…両方嫌です！」

ほとんどの受講生はこう答えます。

では利用者はどんな介護者を選ぶでしょう？

やはり、声掛けも技術も両方そろったスタッフを選ぶでしょう。

私たちはケアのプロです。常に尊厳も技術も大切にしましょう。

② 昼も夜も毎日何回も必要なケア

１日のケアで数がもっとも多く、24時間繰り返されるのが排泄ケアです。身体の影響を配慮し、尿意や便意をもよおしたときに本人のペースで行う必要があります。

「トイレにいきたいから手伝ってください…」

と遠慮することなく、いえるように介護者は「いつでもお手伝いします。」ということを言葉や態度で表現しましょう。

③ 排泄行為のプロセスをチェック

私たちが何気なく行っている排泄の行為は、トイレまでの移動、衣類の着脱、座位姿勢を保つなど、さまざまな動作が組み合わさり成り立っています。

・ADLがどの状態なのか。

・認知症などで行為が適切に行えない場合があるか。

できること、できないことを把握し個々に合わせた排泄介助を考える必要があります。

高齢者の排泄の特徴

＊高齢になると排泄機能が衰えやすい

失禁	自分の意志とは無関係に尿や便が漏れてトイレで上手く排泄できないこと
頻尿	頻繁に尿意は感じるが1回の尿量は少ない
	平均8〜10回/日（夜間2〜3回）
排尿・排便困難	尿意・便意はあるが排泄までに時間がかかり、でないことがある
便秘・下痢をしやすい	内臓機能や腹筋の衰えによる、便秘がみられる（3日以上排便なし）
	下痢→脱水に注意

失禁の原因

＊原因によって大きく4タイプにわけられる

腹圧性尿失禁	腹圧が急激にかかったときに漏れるタイプ。せきやくしゃみ、重い物を持ち上げたりすると起こる。出産を経験した中高年の女性に多く、女性の尿道が短いことと、骨盤底筋のゆるみが原因といえる
切迫性尿失禁	「したい」と思うと、トイレまで我慢ができない、下着をおろすまで間に合わずに漏れるタイプ。膀胱の収縮筋が過敏になり、尿が少ししかたまっていないのに、膀胱がかってに縮んでしまうために起こる。膀胱炎、脳血管障害、パーキンソン病などに多くみられるタイプ
溢流性尿失禁	尿が上手く出せないため、残った尿が膀胱内でたまりじわじわと少量ずつあふれるタイプ。主に男性に多く、前立腺肥大、糖尿病、脊椎損傷などにみられる
機能性尿失禁	排尿動作や判断がうまくできずにもれるタイプ。トイレまでいけない、トイレがわからない、衣服や下着を脱ぐことができないために起こる。大脳小脳の障害や、認知症などに多くみられるタイプ

便秘予防の 7 原則

＊便秘が原因で食欲不振やイライラした気分になるなど、心身に様々な影響を及ぼします。便秘予防の基本的なケアを学びましょう！

①	規則的な生活	生活に規則的なリズムをつけることで体調が整う
②	規則的な食生活	適時に3食をしっかり摂取することで、蠕動運動が起りやすくなる
③	適度な運動	適度な活動や体操を行うことで消化を助ける
④	決まった時間に排便	特に朝食後は、便意が起りやすくなる。日課として決まった時間にトイレに腰かけるとよい
⑤	座位排便の習慣	寝たままの排便は仰臥位となり、腹圧がかかりづらい。トイレやポータブルトイレでの排便を1日一度促すことで、スッキリ排便できる
⑥	十分な水分摂取（体重に合わせた適切量の把握）	体重kg×3×10＝○○○ml （例）60kg×3×10＝1,800ml 体重別　食事時以外に必要な1日の水分摂取量 牛乳は特に排便を促す
⑦	繊維の多い食物を摂取	野菜、果物、海藻類。寒天や果物ジュース、野菜ジュースをおやつなどで補充する

受講日	名前	講師名

排泄介助

事例 1

グループディスカッション

> 右マヒの田中次郎さん（男性 76 歳）は、トイレでの排泄に間に合わないことが多く家族はスタッフに相談しました（布パンツ着用・尿意・便意はあります）。

①どうしてトイレに間に合わないのでしょう？

②田中さんはどんな気持ちでしょう？

③田中さんの気持ちを考えたうえでどんな対応をしますか？

まとめ　→

適切な排泄介助

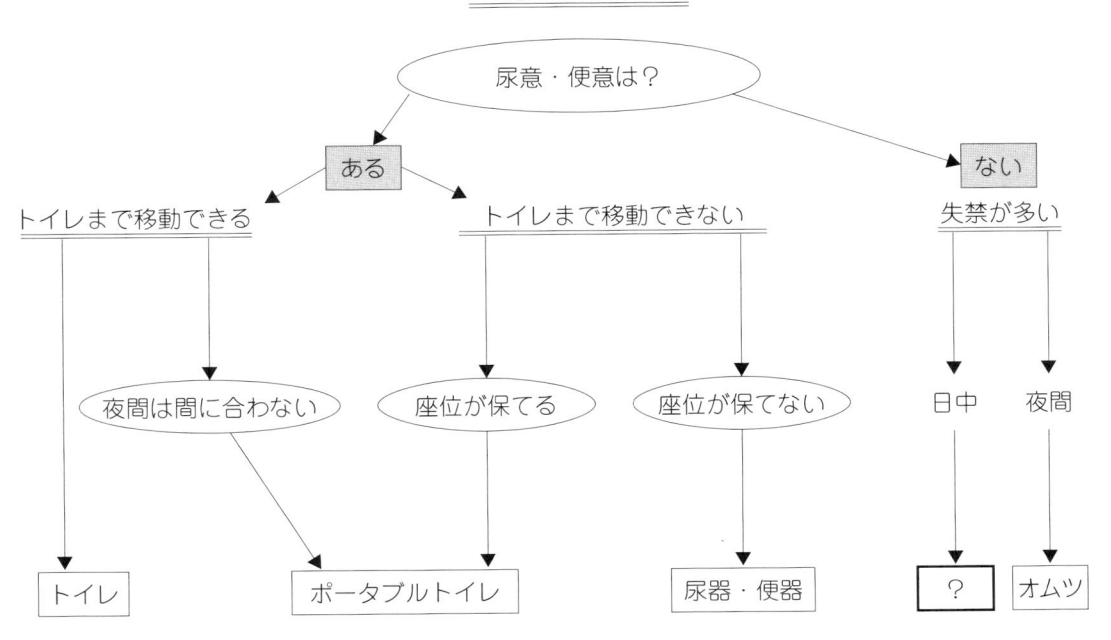

```
           尿意・便意は？
          ↙        ↘
       ある          ない
     ↙    ↘            ↘
トイレまで移動できる   トイレまで移動できない   失禁が多い
  │    ↓            ↓       ↓       ↓    ↓
  │  夜間は間に合わない  座位が保てる  座位が保てない  日中   夜間
  ↓    ↓            ↓       ↓       ↓    ↓
トイレ  ポータブルトイレ   尿器・便器    ？   オムツ
```

問題 1　?の部分はどんな介助を行いますか

便秘予防

便秘に伴って起こる症状は？
....
....
....
....

便秘の予防方法を考えてみよう！
....
....
....
....

便秘予防の7つの原則

①
②
③
④
⑤
⑥
⑦

講師用

排泄介助

事例 1
グループディスカッション

☆参考資料を配付して講義をスムーズに進めることも1つの方法です。

> 右マヒの田中次郎さん（男性 76 歳）は、トイレでの排泄に間に合わないことが多く家族はスタッフに相談しました（布パンツ着用・尿意・便意はあります）。

①どうしてトイレに間に合わないのでしょう？

> 例　部屋からトイレまでが遠い、衣類を下げることに時間がかかる、頻尿、尿量が多い、
> 　　家族の気をひきたい、など…
> 考えることにより様々な可能性に気づくことが大切です。
> 思わぬ答えが出たときは「よいところに気づきましたね！」と言葉にしましょう。

②田中さんはどんな気持ちでしょう？

> 例　情けない、どうしたらいいのだろう？
> 　　誰にも知られたくない、右マヒのせいだ、家族は心配してくれるかな、など…

③田中さんの気持ちを考えたうえでどんな対応をしますか？

> 例
> 　　排泄がしやすい環境の整備、衣類の工夫、
> 　　排泄パターンを把握し、トイレ誘導を試みる、
> 　　家族に排泄介助での注意事項を説明し、アドバイスする、
> 　　など…

まとめ　→　利用者の気持ちを尊重してケアを行いましょう

10 個々に合わせた"排泄介助"

講師用

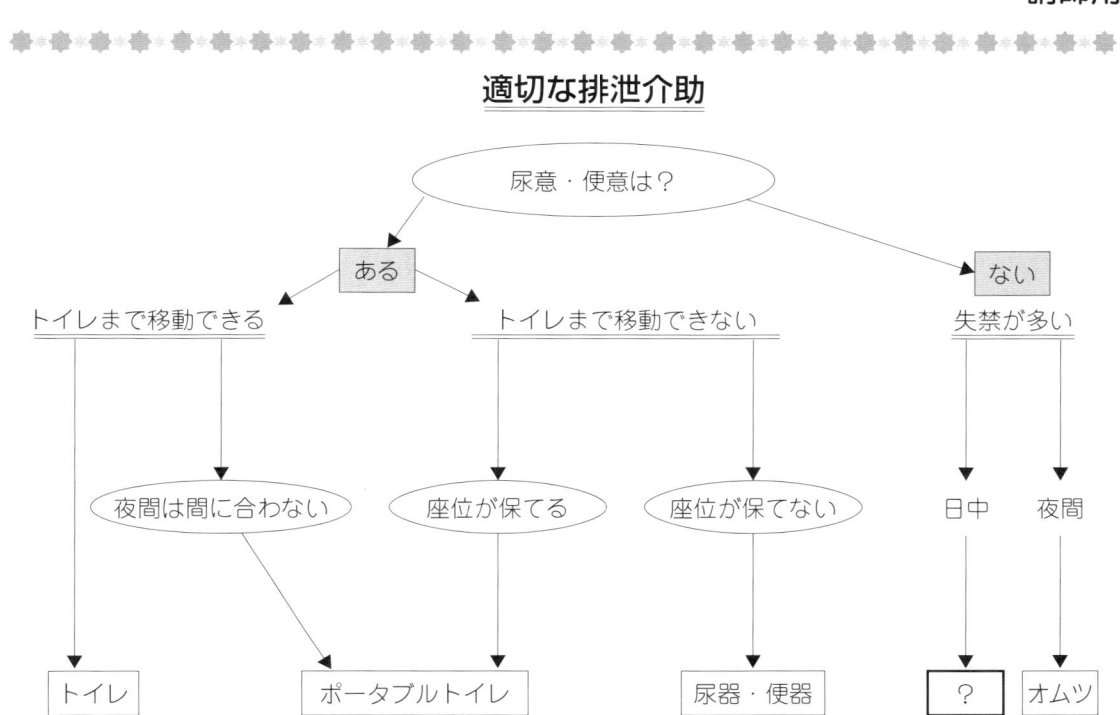

適切な排泄介助

```
                    尿意・便意は？
                   ↙        ↘
                 ある          ない
           ↙      ↓              ↓
    トイレまで    トイレまで      失禁が多い
    移動できる    移動できない
        ↓          ↓     ↓         ↓    ↓
   夜間は間に   座位が    座位が     日中   夜間
   合わない    保てる   保てない
    ↓   ↓       ↓         ↓         ↓     ↓
  トイレ ポータブル  尿器・便器   ?    オムツ
        トイレ
```

問題 1　?の部分はどんな介助を行いますか

例　失禁パンツや尿パットを使い、できるかぎりトイレやポータブルトイレを使用する。
　　寝たきりであっても朝は必ず排尿、排便を促してみる。
☆おむつをつけたままの生活により、尿意、便意が喪失されていきます。

講師用

便秘予防

便秘に伴って起こる症状は？
腹痛、腹部膨満、気分不快、頭痛、イライラ感、食欲不振など…

便秘の予防方法を考えてみよう！
規則正しい生活、繊維の多い食物摂取、乳製品の摂取、水分摂取、適度な運動、座位姿勢での排便など…

便秘予防の7つの原則

① 規則的な生活

② 規則的な食生活

③ 適度な運動

④ 決まった時間の排便を心がける

⑤ トイレでの座位姿勢排便

⑥ 十分な水分摂取

⑦ 繊維の多い食物を摂取

☆私たちがすぐに対応できることからはじめましょう。

ビューティフル ストーリー

心遣いのサプライズ
夕方からの勉強会におにぎりを差し入れする施設がありました。
ある訪問介護事業所は、助六寿司弁当が山積みになっていました。
「これはなんですか？」と尋ねてみたら、
「勉強会のギリギリまでケアに出ているスタッフも多いのでね。」と。
経営者の優しさであり、粋なハカライだと思いました。
ここでは、ゲスト講師として、お話をさせていただいたのですが、
主体的な勉強会への意欲が感じられ、活気ある時間だったように思います。

ビューティフル ストーリー

お正月の楽しみ

お正月手当を支給している職場もありますが、お年玉として施設長から手渡ししている職場があります。

「元日から出勤してくれてありがとう。今年もよろしくお願いします。」

そんな言葉をそえてスタッフに手渡しするのです。

手渡しに意味があることにお気づきですか?

上司とコミュニケーションをはかっていることになります。銀行振り込みでは言葉をかわす必要はありません。同じ手当も演出しだいで価値の高いものになるのです。

もう1つの楽しみは、元旦はスタッフの服装が自由ということです。

"お正月らしい服装で出勤"となっているので、スタッフなりに工夫をします。

女性は着物やチャイナドレス、男性は袴やかぶり物など、あっと驚く服装で出勤します。

当日まで秘密にしているのも盛りあがる秘訣かも知れません。

汚れても大丈夫?という声が聞こえそうですが、そんなことは気にしません。

利用者を喜ばせ、一緒に楽しみたいのですから…利用者にも好評で、笑いが絶えない一年の始まりになります。

福祉の現場ではお正月に休みがないことはわかっていますが、ちょっとしたアイデアが"スタッフ満足"につながり、モチベーションを高めることにつながります。スタッフの意欲はサービスの質の向上になくてはならないものです。実際にこの施設は毎年、お正月の出勤希望者が多いのです。

あなたの職場ではどんな"スタッフ満足"を実践していますか?

もしこれまで何もしていなければ、これから考え、実行してみてくださいね。

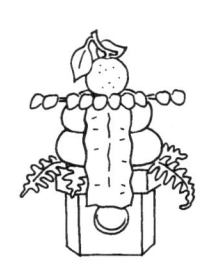

11 青春時代にタイムスリップ "認知症"

●「あなたを知りたい」は傾聴の一歩

　認知症の方は、現在、厚生労働省の推計によると、170万人以上いるといわれています。そして、2015年には250万人にもなると予想されています。

　「みなさんの担当する利用者のうち、認知症の方は何人いらっしゃいますか？」
　本当にその方々は、認知症ですか？
　では、逆に、本当にほかの方たちは、認知症ではありませんか？

　私たちは、医師ではないので診断はできませんが、認知症にかかわらず、疾患を理解していないと対応のタイミングや声かけの内容で進行を助長してしまうことがあるのです。本人の進行状況やその日の心身の状態を観察できているということが重要になります。

　介護職として知識・情報・対応技術をもつことは、あなたの職務です。介護講座を行うなかで、認知症の質問や不安を多く聞きます。認知症高齢者をもつ家族のアンケートによると、「スタッフが認知症に対しての研修を受けているかどうか非常に気になる。」という結果が出ています。

　認知症の方の対応は決して簡単な介護ではありません。

　理解しようという気持ちで接していても、どうすることもできなくなることもあります。また、問題行動の原因を、スタッフが作ることも、大きくしていることもあるのです。行動障害なのか問題行動なのかは、あなたの介護の仕方にかかわっているのです。介護が認知症の治療の1つだといわれる理由はそこにあります。

　今後、さらに介護現場では、認知症の専門性が問われてきます。
　チームとして協力しあい、よりよいケアを提供しましょう。

・アルツハイマー型認知症
・脳血管性型認知症

代表的な認知症はこの2つです。
この2つの違いを簡単に説明できますか？
この2つの特徴を簡単に説明できますか？

　医療や介護の立場による経験や臨床データで、認知症への対応の仕方をひとくくりにすることはむずかしく、その人にはその人の対応の方法があります。
　しかし、共通することも多くあります。逆の言い方をすれば、認知症の方への基本態度があるのです。

	アルツハイマー型認知症	脳血管性認知症
原因	原因は不明であるが、脳が病的に萎縮し、そのために脳の神経細胞が減ってしまい起こる認知症	脳の血管が破れたり、詰まったりすることによって、脳の働きが悪くなり、そのために起こる認知症
進行の仕方	ゆるやかに悪化する	脳卒中の発作ごとに段階的に悪化する
症状の特徴	物忘れ（記名力低下）として初期症状が表れることが多い 古い記憶は比較的保たれているが、新しい記憶は忘れやすい。判断力の低下や見当識障害があり、生活に支障をきたすようになる	障害された部位により、能力の低下はまだら状である。人格や判断力が保たれていることが多い。めまい、しびれ、言語障害、知的能力の低下などがみられる。症状は日によって差が激しいことがある

◆認知症の方への基本態度◆
① どんなときでも笑顔で接しましょう。
② 焦ることなく、ゆとりある言葉を使いましょう。
③ 気持ちを合わせ、心落ち着く声かけをしましょう。
⑤ 行動や意志を見守り、安全を確保しましょう。
⑥ 発言や行動を待ち、温かい対応をしましょう。
⑦ 感謝の気持ちで尊重しましょう。

11 青春時代にタイムスリップ "認知症"

傾聴を認知症介護へ繋げる。

「傾聴」を介護に繋げるというのは、その人の「思い出」や「歴史」を認知症介護に繋げると言い換えられます。認知症の方のその人らしさを考えるとき、介護の基本的態度である受容や共感の姿勢は重要になります。受容や共感の第一歩である「傾聴」から生まれるものはたくさんあります。

①経験
②考え方
③感情
④行動

この①～④を総合的に相手を考えることが「傾聴」です。

たとえば、こんな方がいらっしゃいました。木下さんはいつも温和で優しい方ですが、挨拶に関しては、とても厳しく注意をされます。特に若いスタッフへの指導は声も大きくなります。スタッフは挨拶をきちんとしないことを棚にあげ、木下さんを口うるさい人だと決め付けて、認知症だから仕方ないとまでいっています。そこで、木下さんを知るためにもう一度、カルテを確認するようにスタッフにいいました。……スタッフは何かに気づいたようです。

木下さんは長年、小学校の教師を職業とされた方だということがわかりました。①～④に木下さんを当てはめて考えてみましょう。

経　験	退職まで勤めあげた、もと小学校の教師
考え方	挨拶はきちんと行うべきだと思っているのではないか？（想像）
感　情	挨拶をきちんとできない人へ怒りを感じる
行　動	特に若いスタッフに注意する

木下さんを傾聴することで、木下さんへの見方は変わってきます。「口うるさい木下さん」から、理解をもって「指導してくださる木下さん」に変わりました。

相手を知ろうとしないと発展的解決やよい人間関係は望めないのです。

最近では、ピック病やレビー小体症などの原因に応じての対応も求められています。相手を知るうえで、疾患を知る、疾患を知識として理解しておくということも重要になります。

私たちも進化する対応を常に心がけておきましょう。

受講日	名前	講師名

認 知 症

1. 認知症の代表される疾患名を2つあげましょう。

　　　　　　　　　　　　　　　　と

メモ

2. あなたは認知症の方に対応するとき、どのようなところを配慮していますか？

傾聴とは？

①

②

③

④

メモ
_____
_____
_____
_____
_____
_____

3．認知症の方に対応するときの基本態度を考えましょう。

講師用

認 知 症

1．認知症の代表される疾患名を2つあげましょう。

　　　　　　アルツハイマー型認知症　と　脳血管性認知症

メモ
　2つの疾患について説明

2．あなたは認知症の方に対応するとき、どのようなところを配慮していますか？

・本人のペースに合わせている。
・指示する声かけをしない。
・嫌がることは強制しない。
※様々な意見に共感しましょう。
他グループの意見を聞き、不足部分は書き加えるように促します。

☆「先ほど、アルツハイマー型認知症と脳血管性認知症の違いについて説明しましたが、みなさんはこれまで、疾患を理解して、ケアを行っていましたか？その人らしくケアするということは、まず、疾患の理解からはじまっています。」
　　　　　→認知症をひとくくりにしたケアを行っていなかったかを振り返りましょう。

傾聴とは？

① 経験
② 考え方
③ 感情
④ 行動

メモ　①「介護では受容・共感が基本姿勢です。その第1歩が傾聴なのですね。」
　　　　※傾聴の重要さを伝えます。
　　　②傾聴についての①〜④を記入させましょう。
　　　③木下さんや他の例をあげ、あてはめることでわかりやすく説明します。
　　　「人にはみんな歴史があり、思い出があります。認知症の方のこれまでの人生を傾聴して、その人らしさを知り、日々のケアに生かしていきましょう。」＝**個別化**

3．認知症の方に対応するときの基本態度を考えましょう。

「これから職場としての認知症の方に対する基本態度を自分たちで決めましょう。」
方法：グループワーク（15分）発表
「今日、決めたことを明日から実践していきましょう。」
※定期的に実践できているかのモニタリングで、基本態度の見直しも必要です。
※本文の基本態度は漠然としているので、見直しできるよう、職場での統一事項を具体的に決めましょう。

コラム

入所中のおじいちゃんやおばあちゃんを訪ねて、身内の方々がこられます。
または、訪問介護中に、身内の方々が訪ねてきているときもあります。しかし、認知症を理解し、落ち着いて接している人ばかりではありません。自分の知っている祖父母や両親とは変わっていく認知症を受け入れることができず、ツライ気持ちで会いにきている人や、受け入れることはできたのだけど、どう接していいかわからず戸惑いを隠しきれない人もいます。
「村尾さ～ん、誰だかわかりますか？」
認知症の方、本人に質問する介護スタッフがいます。誰だか思い出せず、困った顔をされたことはないでしょうか？
表情を察知しながらも、「ほら、村尾さん、誰でしたか？」と拍車をかけたことはないですか？
そんなときは、「村尾さん、お孫さんがお見えですよ。」とお伝えすればよいのです。村尾さんのできないところをお手伝いし、家族とのコミュニケーションが楽しい時間になるように働きかけることも私たちの役目です。
認知症は脳で起きている障害が行動に影響する疾患です。
脳で起きている変化ゆえ、目に見えるケガや障害をもつ方とは違い、疾患への理解が難しくなります。初期の頃には、運動神経には障害が現れにくいので、元気な方と思われてしまいます。そのため、家族は疾患への受け入れが遅くなり、お互いの心身的崩壊に陥りやすいのです。
「ぜんぶ、だめになった。」「もう、私の知るおばあちゃんでなくなった。」
悲観的に考えることしかできなくなっている家族もいます。悪循環の中で、自分の生活がままならなくなり、家族関係が歪むこともあります。私たちスタッフが認知症の方のできるところに注目することで、崩れかけた家族関係を修復できることもあるのです。本人とスタッフとのやりとりの報告で、家族関係を見直すきっかけを作ることもできるのです。
私たちの日々の対応は家族関係もサポートしています。

12 あの人に会いたくなる"身体の清潔"

● 五感の刺激ではじめよう

清潔を保つとはどういうことでしょう？
身体を洗う、洗髪をする、手浴や足浴をする…など、方法はたくさんあります。
では、ただ、洗えばいいのでしょうか？
身体の清潔には、効果と観察が伴っています。

入浴するということは、全身観察の機会です。脱衣場の人、洗身する人、誰もが観察を怠れば、皮膚疾患などの早期発見はできません。予防ができずできてしまった褥瘡を、さらに見逃してしまうことになります。無意識に二次被害の拡大を職場内で起こしているのです。また、それは、看護師との連携の妨げや信頼関係にも影響しています。

入浴やシャワー浴をして、清潔が保持できているからと安心していてはいけません。「目に見える不潔」と「目に見えない不潔」があります。
たとえば、環境整備でのシーツ交換を最低週に1回行うのはどうしてでしょうか？それは、ダニがふ化し、幼ダニとして成長するのが3日～8日だといわれているからです。繁殖してしまう前に「目に見えない不潔」を予防するためです。匂いは、汚れや腐敗によるばい菌が原因です。これも目には見えず、繁殖していき、嗅覚に訴えられ、はじめて気づくことになります。悪臭になる前の日々の細やかな清掃が必要なのです。
職場の環境を維持改善するための"5S運動"を知っていますか？
「整理・整頓・清掃・清潔・躾の実践」です。身体の清潔は広範囲で整える必要があります。環境が整ってこそ、ご本人のやる気、QOLの向上へつながります。
そこで、はじめて身体の清潔ができたといえるのです。

- 生理的意義
- 心理的意義
- 社会的意義

　この3つの意義が満たされて、清潔保持ができたことになります。
　きれいになった→気持ちいいな→やる気がわく
　レクリエーションに参加しよう。　リハビリにいこう。　誰かと話そう。
　と、社会とのかかわりや社会参加へ意欲的になるのです。

　時間と人数、設備の都合で、ゆっくり入っていただけない現状があるかもしれません。しかし、清潔保持で終わるのではなく、QOLの向上は清潔保持からはじまっていると心に留めておきましょう。気持ちがリラックスしているときは、やる気も起きやすいので、「今日のレクリエーションは何をしましょう？」と具体的な声かけもいいでしょう。
　意欲的に考える環境を作ることは簡単です。
　入浴そのものがコミュニケーションの場としても楽しい気持ちになるように、安全確保は欠かさず、羞恥心への配慮を行うことも心に留めましょう。

習慣としての入浴
　入浴は食事と同じく、習慣や好み、方法など大きく個人差のあるものです。
　今、はっとした人は、流れ作業的に入浴介助をしていませんか？

　「お風呂？大好きですよ。温泉旅行もいったし、スーパー銭湯にもよくいきました。
　一度、いくと、そりゃ、3時間も4時間も出てきませんよ。」
　「お風呂？できれば入りたくないなぁ。定年するまでは、仕事で毎夜遅くてね。入ってもカラスの行水。いつもは、朝入るのが普通だったよ。」

訪問介護、施設介護。
　共通することは、時間内に行うということと自立支援の一環としての入浴であるということです。
　しかし、「習慣」を尊重しなくてはいけません。「印象」も大事です。「印象」は「習慣」も変えることができます。
　「裸で長い時間待たされた」「転倒しそうになった」「洗い方が雑だった」
　自分の立場で考えてみれば、入浴を拒否されても仕方ないなと思いませんか？

特に注目しておきたいのは、この「転倒しそうになった」です。

転倒はしていないのですが、高齢者は、同じくらいの恐怖感、悪印象につながるのです。そのためにも、1回、1回のケアをていねいに行う必要があるのです。

入浴拒否で困ったときは、「習慣」と「印象」がキーワードかもしれませんよ。

受講日	名前	講師名

清潔保持

1. あなたが昨日の帰宅から出勤するまでに家でやったことは何ですか？

2. あなたは入浴介助を行うとき、どのようなところに配慮していますか？
   また、配慮したいですか？

12 あの人に会いたくなる "身体の清潔"

講師用

清潔保持

1. あなたが昨日の帰宅から出勤するまでに家でやったことは何ですか？

| 夕食を食べた。　更衣もした。　パソコンをした。　洗濯をした。 |
| 電話で話した。　テレビを見た。　お風呂に入った。　読書をした。　など。 |

① 4、5人のグループになり、お互いのレジュメを確認します。
「共通していることには何かありますか？」
　　　　　　　　　　　→清潔保持は日常で行われるべきことを気づかせましょう。
※複数であった場合は、優先順位をつけてみる。
②「では、いつ入浴（シャワー浴）をしましたか？」→3、4人に詳しく聞く。
③「起床してすぐ」「朝食のあと」「寝る前」「夕食のあと」「夕食の前」
　　　　　　　　　　　→入浴習慣は食事習慣と同じく個人差が大きいもの
④「みなさんはどうですか？カラスの行水？長めにゆっくりタイプ？
　　熱いお湯が好き？ぬるい目が好き？」
※個人差があることに気づかせる質問をしましょう。

2. あなたは入浴介助を行うとき、どのようなところに配慮していますか？また、配慮したいですか？

| ・温度 |
| ・できるところは自分でやってもらう |
| ・ゆっくり入ってもらう |
| ここにあるのは一例です。様々な意見に共感しましょう。 |
| 自分以外の意見を書き加えるように指示しましょう。 |
| ☆「安全確保」（入浴中の事故は1番多い） |
| 　「羞恥心の配慮」 |
| 　「体調変化に注意」（入浴前後の水分摂取） |
| ※これらは当然!! |
| ☆できる限り、これまでの習慣を尊重しましょう。 |

ビューティフル ストーリー

労を労おう!!
「今の着脱介助は、自立支援も尊重した介助だったので 100 点!!」
「今日の肉じゃがは、たまねぎがトロトロすぎたので 30 点」

介護職は、日々のケアにおいて数値化しづらい環境にあります。
目標を見失いがちになったり、達成感を感じづらくなることがあります。
そんなときこそ、仲間どおしで、「いつも、ありがとう。あなたがいてくれて助かったよ。」
「あなたを見ていると、私もがんばれるよ。」と感謝を言葉にすることも大事です。

13 誰もが実感 "離床効果"

● 座ってみれば視界が変わる！

「寝たきりは、寝かせきりからつくられる！」
こんな言葉を知っていますか？
　高齢者は体調不良や何らかの疾患により、床につく場合もあります。しかし、急性期を過ぎたにもかかわらず何となくベッドが生活の場になり、気が付かない間に「寝かせきり高齢者」となった方が大半を占めているのが現実です。

　　スタッフ　　「北川さん、安静に休んでくださいね。」
　　北川さん　　「親切な人だね…」

『今日もベッドなら寝間着のままでいいわ…。何だか食欲もないからお粥があればいいし、人に会わないからお風呂も入りたくないわ…』
　北川さんのつぶやきが聞こえます。
　では、いつまで安静にしていたらよいのでしょうか？
　本人、家族、スタッフの思い込みによる安静は、体力低下もさることながら、心身の刺激が少なく、意欲も失ってしまいます。
　「動くのはちょっと面倒だけど、起きてみようかな！」といっていただけるような動機づけや声かけが必要です。

　長い間寝たきりの方が、久しぶりに座ってみました。
　「今日は、晴れているね…」
　視界が変わりました。
　そこからはじまるのです。
　離床により心身機能にどのような効果をもたらすかを学びましょう。

1週間目‥20％
2週間目‥40％
3週間目‥60％

　これは何の数値だと思いますか？
　健康な人がベッドで安静状態を続けたときの筋力低下の割合です。人間の身体機能、精神機能は使わないと衰えてきます。筋力低下のみならず、さらには下肢の骨が弱くなり、座位をとることが困難になります。
　では、1週間安静にしていると機能回復にどれくらい要するでしょう？
　答え…1ヶ月といわれています。
　あなたが考えているより回復には時間を要します。

　医師より許可がおりたら利用者の様子を確認しながら、ライフスタイルをもとに戻しましょう。朝起きたら更衣をして、カーテンを開け、外の空気を取り入れて…
　日常生活の活動性を取りもどすことで、運動不足は解消できます。
　動くことができると、
「ああ、今日のご飯は美味しく感じる!!」
　夜はおむつだけど朝はトイレで座位介助すれば、
「お腹がすっきりして、気持ちがいい…」
　そう感じるのは心と体の健康のあらわれです。

「北川さん、今日は顔色がよいですね。ちょっとお願いしてもいいですか？」
「私にできること？」
「そうですよ！北川さんにお願いしたいのです。」

　こんな会話から、少しずつ意欲を引き出しましょう。

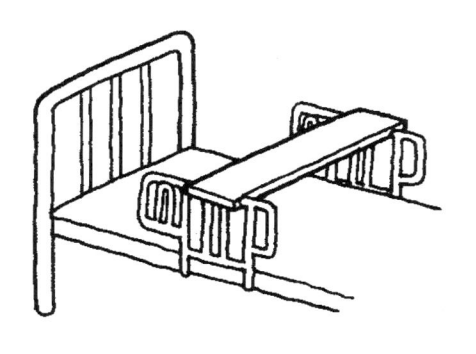

ビューティフル ストーリー

介護講座を通じて

あなたの職場は新人研修や実習生の受け入れをしていますか？
そこで大変だと思うことは何ですか？
私が現場で実習生担当をしたときに、素朴な疑問でありながら、介護の本質を突いた質問をされ、答えることができなかった経験があります。
人に何かを伝え、教えるということは、そのことについて根拠をもった説明ができないと理解してもらえない結果になります。そんな経験から介護講座の前にはさまざまな予習をします。講義に関係のある新聞記事は切り抜き、ニュースの情報はメモを残し、どんな本も読むようにしています。
資格を取得したいけど、こんな自分にできるかな？と自信のない人に、私は、「こんな失敗をした経験があります。」とその人に応じた話をします。
昼食後は講義中どうしても眠くなるのですが、そんな時は「私にはじめてプロポーズしてくれたのは 92 歳の利用者なのですよ。」という話をはじめます。すると急に受講生の目が輝きます。「それから、それから…」と身をのりだす人もいます。そんな経験から気づいたことは、現場でのエピソードは感性を刺激するということです。「どんなふうに感じました？」という質問に、生き生きとした表情で答えてくれます。たくさんの引き出しを用意しておくのです。
受講生から学ぶことが多いのも事実です。思ってもみなかった意見や、なるほどそんな考え方もあるのかと感心することもしばしばあります。
講義は一方通行ではなく、相手から学ぶという姿勢をもつとプラスになることが多いと実感しています。また、その気持ちは相手に通じ、関係を円滑にすることも知りました。
職場で教育担当や研修担当に選ばれた方は、「私にはできない。」と消極的になるのではなく、これまでの経験を思い出してください。あなたはすでに多くを学んでいるのですから、経験から学んだことをスパイスとして使えば、生きた教科書になります。1 年、3 年、5 年とそれぞれの教科書で十分です。そして相手とのコミュニケーションを大切に積み重ねれば、何より自分に返ってくるものの大きさに気づくはずです。

受講日	名前	講師名

離床効果

事例 1

あなたは、風邪がきっかけで、2週間ほとんどベッドで過ごしています。熱はないのですが、安静にといわれたので、何もしていません。

どんな変化が考えられますか？

身体	心理

離床によりどんな効果があると思いますか？

身体	心理

廃用症候群とは

まとめ→

事例 2

北川みえさん（女性 82 歳）は、腰痛がきっかけで 3 週間寝たきり状態です。痛みは改善しましたが、すべてが面倒といわれ、一時的に使用したおむつを外すことを拒み、食事もベッドに運んでほしいと希望されます。離床につながる対応方法を考えましょう。

① グループディスカッション

あなたならどんな対応をしますか？　　　　　　　　　　　　　　　　（まずは個人で記入）

声かけ

………

………

行動

………

………

………

② グループ内で、ロールプレイしてください。

方法

> 北川さんと介助者役に分かれてください。北川さんになりきって「ご飯を運んでください…」と介助者に訴えてください。
> 介助者は離床につながる対応方法を実践してください。
> 　　　　　　　　　　　　　　　　　　　　（3 分程度で発表）

フィードバック

北川さん役の感想

………

………

………

③ 意欲が低下している利用者に対し、どのような対応が大切なのか？（グループでまとめてください）

```
┌─────────────────────────────────────────────┐
│                                             │
│                                             │
│                                             │
│                                             │
└─────────────────────────────────────────────┘
```

④ 全体発表

講師用

離床効果

グループディスカッション
事例 1

> あなたは、風邪がきっかけで、2週間ほとんどベッドで過ごしています。熱はないのですが、安静にといわれたので、何もしていません。

① どんな変化が考えられますか？

身体	心理
例 筋力低下、関節の拘縮、骨萎縮、骨粗鬆症、褥瘡、起立性低血圧、沈下性肺炎、尿失禁、便秘、認知症のきっかけ（脳も衰える）	例 すべてが面倒になる、人に会いたくない 意欲の低下（あきらめ）など… ☆様々な可能性があるので、意見に共感してください。

発表　　他グループの意見を聞き、不足部分は書き加えるように指示しましょう。

13 誰もが実感 "離床効果"

講師用

② 離床によりどんな効果があると思いますか？

身体	心理
例 筋力アップなど身体機能向上 食欲増進、夜間良眠できる 便秘改善	例 昼夜とのメリハリがつき、気分良好 前向きな気持ちになる 意欲の向上（ひとりでトイレにいきたいなど…） 生活に目標をもてる

発表　　他グループに意見を聞き、不足部分は書き加えるように指示しましょう。

廃用症候群とは

→　心身機能を使わないことにより、機能が低下する二次的機能障害

☆二次的機能障害とは事例の心身の変化の内容などを指します。

まとめ→　　急性期をすぎたら、離床の「目的」を生活の中につくり、日常生活の活動性を高めましょう。

講師用

事例 2

> 北川みえさん（女性 82 歳）は、腰痛がきっかけで 3 週間寝たきり状態です。痛みは改善しましたが、すべてが面倒といわれ、一時的に使用したおむつを外すことを拒み、食事もベッドに運んでほしいと希望されます。離床につながる対応方法を考えましょう。

① グループディスカッション

あなたならどんな対応をしますか？　　　　　　　　　　　　　　　（まずは個人で記入）

声かけ
　　　　答えは限定せず、様々な角度からの試みが必要です。
　　　　スタッフの言葉や行動に心が動いて、前向きになるかどうかは、相手によって変わります。

行動　北川さんに対して尊厳のない言い方や態度であれば、正しく導いて下さい。

② グループ内で話しあいの結果をロールプレイしてください

方法

> 北川さんと介助者役に分かれてください。北川さんになりきって「ご飯を運んでください…」と介助者に訴えてください。
> 介助者は離床につながる対応方法を実践してください。
> 　　　　　　　　　　　　　　　　　　（3 分程度で発表）

フィードバック

北川さん役の感想

ここがよかったなど、具体的に褒めましょう。
また、もう少しこうした方がという改善点も伝えるように指示しましょう。

講師用

③ 意欲が低下している利用者に対し、どのような対応が大切なのか？
（グループでまとめてください）

> 例：利用者の状況を観察し、個々に合わせた声かけや対応をすることで離床を促す。
> ↓
> 症状（疾患）・性格・趣味など

☆意見交換で終わらないように記入を促しましょう。

④ 全体発表

心が動くと体も動きます。
利用者に合わせた、たくさんの引き出しが必要になります。

ビューティフル ストーリー

楽しみはこれから
ピアノを弾くことが上手い人とピアノを教えるのが上手い人は、
必ずしも一致しているとは限りませんね。
「教える」「伝える」には、専門の技術が必要です。
あなたは、この専門技術を身につけるうちに、
職場でまかり通っている様々なことに気づくでしょう。
あなたの職場のルールは他の職場でも通用するものですか？
自分たちのケアに対する疑問や向上するための危機感を忘れずに。
新しい世界を展開する
あなたがコペルニクスになろう。

14 観察にはじまる"健康管理"

● どんな変化も見逃しません！

「私、風邪気味かも知れません…」という高齢者はいます。
では、
「私、脱水かも知れません…」という高齢者はいますか？

高齢者に多くみられる症状を高齢者自身が把握している方はほとんどいません。
「どこか痛いですか？」
「どこというよりなんとなく…」
という答えが多いのです。
医師は体調が悪くなってから診察しますが、スタッフは体調が良好なときの利用者も知っています。一番体調の変化に気づきやすいのはスタッフです。
『何だかいつもより元気がないな〜顔色も悪い気がする…』
"その気"で観察しなければ変化に気が付くことはできません。
「こんにちは」と握手しながら、表情や顔色の変化を、手から体温を観察します。
『いつもと違う！』という観察が重篤な状況を防ぐことができるのです。

また、老化は心にも影響を及ぼすことがあり、意欲の低下から健康に対する関心も薄れる場合もあります。
「お昼ごはんを召しあがりましたか？」
「食べたよ。アンパン 1 つ…」
以前はバランスを考えた食事を何とか作っておられたのに、何かがきっかけで生活習慣が変化する場合があります。高齢者は一度体調を崩すとなかなか治らず、長引くことが多くなるのも特徴です。

スタッフが健康管理に関する知識を身につけ、小さな変化を見逃さない。そして必要に応じて他職種と連携することが大切です。
あなたは、利用者を注意深く観察し、気づくことができていますか？

高齢者は平均いくつ疾患を抱えているでしょう？
答え…3つです。
それに伴い薬も数種類服用している場合が多いのです。
ケア前には必ず、以下の項目を調べておきましょう。

① 病名
② 原因　　　　（生活習慣の改善が必要な場合もあるため）
③ 主な症状　　（把握していることで悪化に気づくことができる）
④ 観察ポイント
⑤ 生活上の注意事項・留意点　　（緊急時の対応）
⑥ 薬の種類

疾患別に②〜⑤を関連づけ、繰り返し調べている間に、様々な疾患が把握できるようになります。また、経験から学び、知識が身につくことも多いのです。
努力と経験を積み重ね、変化を見逃さないスタッフになりましょう。

高齢者に多くみられる症状

高齢者に多く見られる症状を考えてみましょう。
思い浮かびましたか？

① 食欲不振
② 脱水
③ 便秘

上記は疾患にかかわっていることもありますが、生活を見直すことで改善できる場合があります。高齢者は自分で体調を伝えられる方ばかりではないため、症状の原因やその理由を観察から考えることが大切です。
食欲不振から脱水症状を引き起こし、脱水から便秘を引き起こすなどの悪循環が高齢者に多くみられます。
例として、表1　高齢者に多い症状（p107）に記載します。

■ 高齢者に多い症状 ■　　　　　　　　　　　　　　　　　　　　　資料

介護スタッフは **観察にはじまり観察に終わる** ことが大切です。

観察から『どうしてか？』という原因を考え、チームで連携、対処方法を実践することで、悪化を防ぐことができます。

表1　高齢者に多い症状

	原　因	理　由
食欲不振	運動不足	運動量が少なくお腹が空きづらい
	口腔内のトラブル	口内炎、舌苔、義歯の不具合
	病気（体調不良）	消化器系の疾患や体のどこかが痛むなど症状として現れている
	薬の副作用	薬の飲み合わせ、市販薬と併用している 鎮痛剤、鎮静剤、睡眠剤の服用
	便秘	腹部の膨満感などにより気分不快や意欲の低下がある
	間食の取り過ぎ	量を決めずダラダラ間食している
	生活のマンネリ	1人での食事がつまらない
	精神的な落ち込み	心配事や不安により食べたくない
	不眠	体の不調、周囲の環境が関連している
脱水	水分摂取不足	食事の量が少ない
		水分摂取量が少ない
		口渇感に乏しい
		身体が不自由で水分が摂取しづらい
		頻尿や失禁のため意識的に摂取しない
	水分喪失の増加（電解質のバランスを崩している）	発汗、下痢、嘔吐
		大量の発汗や褥瘡、利尿剤の服用
	ナトリウム不足	体質。食欲不振、疾患により塩分制限がある
	発熱	発汗により水分が失われる
	頻尿・失禁	必要な水分まで体外に排出してしまう
便秘	内臓機能の衰え	腸の動きが衰え、腸管の動きが鈍くなる
	タイミングのズレ	便意をもよおしたタイミングで排泄できない
	意識の障害	便意は大脳に伝わるが、それを認識できない
	排便動作の障害	排便動作が容易ではない（座位が保てない）
	食事の偏り（水分不足）	食物繊維や水分不足（脱水傾向）
	運動不足	日常生活での動作不足
	薬の副作用	持病が多く、薬を併用している

受講日	名前	講師名

健康管理

事例 1

杉村たまさん（女性 74 歳）は独居です。
食欲がないため朝から何も食べていないといっています。

グループディスカッション

1．何を観察し、本人に質問しますか？

観察

質問事項

2．原因は何が考えられますか？

3．食欲不振が続くと体調にどう影響しますか？

14 観察にはじまる"健康管理"

4．スタッフとしてどのように対応しますか？

メモ

講師用

健康管理

事例 1

> 杉村たまさん（女性 74 歳）は独居です。
> 食欲がないため朝から何も食べていないといっています。

グループディスカッション

1．何を観察し、本人に質問しますか？

観察	顔色、全身状況、バイタルチェック、服薬確認
	閉じこもりがちではないか
質問事項	いつから食欲不振か、水分摂取量、排便の有無、間食の量
	体調不良はないか、持病の状態、服薬状況
	心配事や不安がないか、不眠ではないか

☆1 つの正解を導き出すことが目的ではありません。
　たくさんの可能性を意見として出しましょう。

2．原因は何が考えられますか？

運動不足…………………エネルギーが消費されず空腹にならないのか
病気（体調不良）………持病の悪化や新たな病気の恐れがあるのか
薬の副作用………………市販薬を併用していないか、処方どおり服用しているか
生活のマンネリ化………毎日同じことの繰り返しで変化がなくつまらないのか
精神的な落ち込み………人間関係や心配事があるのか、何となく気力がわかないのか
不眠………………………体の不調、精神面、周囲の環境

14 観察にはじまる"健康管理"

講師用

3．食欲不振が続くと体調にどう影響しますか？

低栄養、体重減少、体力低下、抵抗力の低下（疾患にかかりやすくなる）

脱水、便秘、気力減退など…

4．スタッフとしてどのように対応しますか？

・状況を注意深く観察し、必要に応じて医療機関の受診をすすめる（医療機関との連携）
・家族に状況を報告する　　・心配事などは本人の悩みを受容する
・食事が楽しくなるような工夫をする　　・食事、水分必要量の説明をする
・その後の状況も把握する
　☆１人で解決しようと思わないで必要な機関に**報告・連絡・相談**する

メモ

> 講義のはじめに、 資料 に記載されている
> "高齢者に多い症状は？"
> という質問を行い、メモに記入してもらいましょう。
> さらに、"脱水の原因は？"、"便秘の原因は？"、という質問を行い、
> 個々がどの程度健康に対する観察力や、知識があるのか、振り返りができます。
> それから事例１をはじめると、意見が出やすくなります。

この本によせて

「先生、今度、介護の本、出そうと思うんです。本当に現場で役に立つ本を」
　突然、山本さんから話が出たとき、「おいおい、何をいいだすんや。」と思うとともに、「なんてバイタリティのある人なんや。」と感心しました。
　そして目をキラキラさせながら「先生も、なんか一言書いてください。」とそのあとに続いた言葉に、
　「僕に出来ることやったらなんでも協力するよ。」以外の言葉は返せませんでした。

　最初に私が山本さんと出会ったのは、私がいる施設に彼女が入職してきたときです。
「おはようございます」の挨拶がとても元気よく、満面の笑顔が印象的な人でした。直属の上司ではなかったのですが、彼女の明るさはきわだっていました。
　そんな彼女が自分のしたいことを求めて、職場を去り、再び出会ったのは、介護講座の講師をしているというときでした。「松本部長、１コマもってくれませんか？」といわれ、私もこの業界に１人でもいい人材が増えてくれることを願い、教えさせていただくことになって、山本さんとのおつきあいが再開したわけです。

　そして今度は「介護の本を出したいと思っているんです。本当に現場で役に立つような本を」と。そのときに隣にいたのが髙橋さんです。山本さんとは対照的（？）に物静かで、ところがしっかりと自分の考えももっていて、山本さんと絶妙のコンビネーション。

　この２人によってこの本は作成されました。２人とも介護の現場で働き、肌で感じたことをまとめました。ですから、この本は生きています。この本を手にされた方にはその息吹を感じて欲しいのです。そうすれば、必ず現場で役にたつと思います。

　ところどころ私もコメントさせていただきました。私は現場の長としてスタッフに「やめてもらいたくない」「やる気を出してほしい」という視点から、参考にしていただけたらと、思うことを彼女たちにお話ししました。

　山本さんも髙橋さんも「いいスタッフを育てたい。」という思いを持っています。この本を活用して、技術以上にむしろ気持ちを育ててあげてください。

指導者のあなたが毎朝、鏡を見て、「ヨーシ！今日も頑張ろう。」と気合いを入れてこの本を片手にのぞめば、なにも難しいことは必要ありません。
　元気な職場、やる気いっぱいのスタッフに囲まれる日々を期待します。

　最後に考えて欲しいこと。
　あなたはなぜ「介護」の仕事をしているのですか？
　介護の仕事はきついし、報酬もさほど多くない。それでも皆さんはがんばって日々仕事をされている。なんども辞めたいと思われたかもしれません。
　「あなたはなぜ今の職を選んだのですか？」入職面接のとき、大半の方から「困っている人の力になってあげたいから」とか「高齢者の方のお世話をするのが好きだから」といったような答えが返ってきます。
　実は私がこの業界に入ったときにはなにも考えていませんでした。サラリーマンをしていて、縁あってこの仕事をするようになっただけで、崇高な思いもなくはじめたのです。

　でも、最近になって思うことは、今の日本はすごくいい国だということ。
　世界の各地には戦争で家族を、家をなくし、あるいはその日の食べ物にも困る国も多く、満足に教育を受けることもできず一生を終えなければならない国もあります。
　それに比べ、経済的にもトップクラスに位置し、教育・福祉も整い、子どもまでもが携帯電話をもつことができる国に成長したのは、昭和30年代に、睡眠もろくに取らず、休むこともせず、一生懸命働いた人がいて、それを支えた家族がいたからこそです。
　私たちの今の生活があるのはその方たちのおかげだということを忘れてはならないのです。そして今、その方たちが高齢になり、介護や医療を必要としているのです。
　次の世代に「私たちのすばらしい日本」を残していくためには、先人の功績を忘れず、その方たちをきちんとお世話していくことが私たちの義務であると考えます。
　あなたのいる職場ではなにを理念として日々の介護をしていますか？自分自身の理念、職場の理念を一度考えてみてください。揺るぎない理念を持ち続けることが「やる気」の源となるのだと思います。

松本　潤一郎

おわりに

　私は生まれたときから3世代同居で祖母も一緒に暮らしてきました。
　福祉の仕事を選び、多くの高齢者や認知症の方々と接していましたので、90歳になっても元気に過ごしている祖母はこのまま介護には無縁の生涯なのだと思っていました。しかし、体力が落ちてきたことで趣味の野菜作りをしないようになったことや、近所の友人が他界し、外出の機会が減った頃から"物忘れ"がみられるようになりました。
　あるとき、腰痛があまりにもひどく、部屋の隣にあるトイレにさえいくことができない状況になりました。仕事をしている父母も施設で働く私も、その都度トイレに連れていくことはできなかったため、痛みが治まるまで一時的にパンツタイプのおむつを祖母に勧めてみることにしました。
　きっと「嫌」というだろうと思いながら、慎重に話しをしました。よほど痛かったのでしょう、祖母は全く拒否することなく、すんなりとおむつの使用を了承したのです。「傷つけなくてよかった。」とそのとき、両親と私は本当に安堵しました。
　その後、腰痛は徐々に改善したのですが、逆におむつをやめるタイミングを逃してしまったのです。仕事として介護を経験しながら、大切なことに私は気づきませんでした。認知症が進行したきっかけになったのではないか、何故あのとき行動しなかったのか。「おばあちゃん、ごめんなさい…」後悔から学んだことはとても大きなものでした。

　祖母の介護をきっかけに家族介護の大変さを実感することになりました。家族介護にはタイムカードはないということです。それからは、家族の気持ちが以前よりわかるようになりました。サービスを利用するまでに、葛藤を繰り返し、大変な経験をされてきたのではないか。お嫁さんの苦労を母の苦労と重ね合わせて考えるようになりました。
　「私の祖母も認知症ですから、お気持ちは、お察しします。」そんな一言をきっかけに、いろいろな心のうちをみせてくれるご家族もありました。
　またいつも祖母を笑顔で迎えに来て下さるデイケアのスタッフの皆様が、私達家族の支えとなり、感謝の気持ちで一杯でした。

　介護者の考え方や対応方法で、その方の人生は変わります。
　家族介護と仕事としての介護を経験し、多くの高齢者と日々、誠心誠意でケアにかかわってきました。正しかったのか、よかったのか、「ありがとう」と「笑顔」

でしか、未だ答えはわかりません。でも、皆さんに伝えたいたくさんのことをこの本に込めました。

　この本をお読みいただきありがとうございました。
　ぜひ、「気づき」「考え」行動できるスタッフを、育ててください。
　「うちのスタッフは全員が"よい人材"です！」すべての研修が終わる頃、1人ひとりが価値を見出せる職場になることを期待しています。
　昨日より今日、今日より明日のケアが高齢者にとってよいものになるように、この研修マニュアルが貢献できれば幸いです。

髙橋　美紀

＜ビューティフルストーリーを教えてください＞

あなたの職場の「ビューティフルストーリー」を私たちに教えてください。
利用者のみなさんからの言葉や出来事、職場での心あたたまるエピソードを、
全国の介護現場で共有しませんか？
たくさんの「ビューティフルストーリー」が集まったとき、
１冊の本になればいいと考えています。

詳細への質問やお問い合わせは、弊社宛へメールかお手紙でお願いいたします。

「夢が夢を応援する！　Care-Ring Museum」
http://ameblo.jp/care-beautiful/　　　http://www.care-ring.jp/museum/
yoko3104@dance.ocn.ne.jp
件名「ビューティフルストーリー」係

SPECIAL THANKS

株式会社コムスン・SPIRIT ROOM
木村昭人・松本潤一郎
すべての出会った人たちと家族

Ⓒ 山本陽子・髙橋美紀　2007

介護スタッフをやめさせない本
"気づき"と"やる気"を引き出す研修マニュアル

2007年3月22日　　第1版第1刷発行
2015年2月20日　　第1版第6刷発行

著　者　山　本　陽　子
　　　　髙　橋　美　紀
発行者　田　中　久米四郎

＜発　行　所＞
株式会社　電　気　書　院
振替口座　00190-5-18837
〒101-0051　東京都千代田区神田神保町1-3 ミヤタビル2F
電　話　03-5259-9160
FAX　03-5259-9162
URL：http://www.denkishoin.co.jp

ISBN978-4-485-30028-2　C3036
創栄図書印刷株式会社　＜Printed in Japan＞
本文DTP　村角洋一デザイン事務所

乱丁・落丁の節は,送料弊社負担にてお取替えいたします.
上記住所までお送りください.

JCOPY 〈(社)出版者著作権管理機構 委託出版物〉
本書の無断複写(電子化含む)は著作権法上での例外を除き禁じられています．複写される場合は，そのつど事前に，(社)出版者著作権管理機構(電話：03-3513-6969，FAX：03-3513-6979，e-mail：info@jcopy.or.jp)の許諾を得てください．
また本書を代行業者等の第三者に依頼してスキャンやデジタル化することは，たとえ個人や家庭内での利用であっても一切認められません．

介護の本、第2弾が出ました!

"気づき"と"やる気"を さらに 引き出す研修マニュアル

やめない介護スタッフを育てる本

(株)ケア・ビューティフル 山本陽子 著

介護スタッフの「気づき」と「やる気」をさらに引き出し、実際の現場で教育をしていくことでより良い人材を育て、スタッフをマネジメントしていくための本です。

CONTENTS
1. 介護職の職業倫理と法令遵守
2. 介護職の接遇
3. 介護保険制度を知らない介護職!?
4. 感染症及び食中毒の予防及びまん延の防止
5. 緊急時の対応に関する研修
6. 高齢者の虐待防止法
7. キャリアステップ研修
8. 介護職のストレスマネジメント
9. 冬はいらない!?高齢者の水分補給の重要性
10. 事故発生又は再発防止に関する研修
11. 事例検討
12. 認知症ケア
13. 介護職にまかせて!! 褥瘡の予防

- ISBN978-4-485-30078-7
- 定価:本体1,800円+税
- B5判・102頁

株式会社 電気書院
〒101-0051
東京都千代田区神田神保町1-3　ミヤタビル2F
TEL(03)5259-9160　FAX(03)5259-9162

▶京都支社
〒604-8214
京都市中京区新町通錦小路上ル
TEL(075)221-7881　FAX(075)221-7817

お手数ですが
切手を
お貼りください

〒559-0024

大阪市住之江区新北島3丁目9番2-602号

株式会社ケア・ビューティフル
「ビューティフルストーリー」係

のりしろ

のりしろ

<FROM>
〒

お名前